莆田南少林武术协会 组织编写

洪光荣 吴鹤 陈玉樵 编著

莆田 南少林武术

化学工业出版社
·北京·

本书包括南少林武术历史渊源、南少林武术传承弘扬、南少林武术流派、南少林武术传习概录几个部分。书中内容是在大量挖掘整理和调查研究的基础上形成的，对南少林禅武文化做出了独到的阐释，并且列举出了几十种拳械的套路，介绍了其历史渊源、代表性传承人物、风格特点及拳理要诀等。

本书可供广大武术爱好者学习参考，也可供广大对南少林武术有兴趣的读者使用。

图书在版编目（CIP）数据

莆田南少林武术/莆田南少林武术协会组织编写；洪光荣，吴鹤，陈玉樵编著. —北京：化学工业出版社，2019.7
ISBN 978-7-122-34246-1

Ⅰ.①莆… Ⅱ.①莆…②洪…③吴…④陈… Ⅲ.①少林武术-介绍-莆田 Ⅳ.①G852

中国版本图书馆CIP数据核字（2019）第060642号

责任编辑：韩庆利　　　　　　　　　文字编辑：张绪瑞
责任校对：宋　玮　　　　　　　　　装帧设计：刘丽华

出版发行：化学工业出版社（北京市东城区青年湖南街13号　邮政编码100011）
印　　装：中煤（北京）印务有限公司
710mm×1000mm　1/16　印张16¼　字数212千字　2019年7月北京第1版第1次印刷

购书咨询：010-64518888　　　　　　　售后服务：010-64518899
网　　址：http://www.cip.com.cn
凡购买本书，如有缺损质量问题，本社销售中心负责调换。

定　　价：68.00元　　　　　　　　　　　　　　　　　版权所有　违者必究

《莆田南少林武术》
编委会

顾　问：曾乃梁　释空性　林成彬　宋宏儒

主　任：林国开

副主任：王文龙　林国春　郑建武

委　员：(以下排名不分先后)
　　　　林国开　王文龙　林国春　郑建武
　　　　洪光荣　吴　鹤　陈玉樵　蔡永希
　　　　林志平　宋宏志　陈志勇　朱圣熙
　　　　陈志荣　黄国雄　戴义龙　郑瑞凿
　　　　陈德荣　何文水　姚玉棋　陈振杰

序一

  中华武术，乃中华民族之瑰宝，博大精深，源远流长，历经几千年沧桑走进了新时代，而福建武术同样具有悠久的历史。福建既是中国南拳的主要发祥地，又是闻名遐迩的南少林故乡，福建武术具有鲜明的区域特点和南派风格。近年来，厦门大学的林建华教授著有《福建武术史》，主编了《福建武术人物志》。福建警察学院林荫生教授主编了《福建武术拳械录》介绍宋玮他们的著作填补了福建武术理论研究领域的空白，阐述并展示了福建武术鲜活的特色与辉煌。

  拳以寺名，寺以武显，少林武术在我国是一个流传广、影响大而又风格独特的武术流派。早在隋朝末年，就有嵩山少林寺十三棍僧救唐王的记载。明代以来，少林寺的拳法与棍法就在社会上广泛流传。

  在林建华教授所著的《福建武术史》中引用了史学家范文澜在《中国通史简编》中的一段话，"相传创始人是福建莆田县九莲山少林寺和尚（明末义士多削发为僧）蔡德宗、方大洪、马超兴、胡德帝、李式开五人"。二十世纪八十年代以来，随着福建南少林遗址的探寻、挖掘和研究的活动不断升温，南少林武术从福建范围不断扩展至全国，也引起国际上的关注。1989年12月由莆田市体委牵头成立了"莆田南少林研究会"，对莆田南少林进行了一系列的研究。随后泉州、福清也成立了南少林研究的机构，接着，泉州、莆田和福清三座少林寺先后拔地而起，将福建南少林武术的研究工作推向一个新的阶段。

  在莆田南少林武术的研究工作中，应该说许多领导和新闻媒体都投入了极大的精力，时任莆田市体委主任林德荣，《中国体育报》资深记者、时任福建省武协顾问方金辉和时任福建省体委群体处处长、福建省武协主席刘忠路等，都为莆田南少林的研究做出了很大的贡献。

南少林的禅武文化，历经沧桑，终能薪火相传。自2016年初，接力棒传到了莆田南少林武术协会会长洪光荣的手中。我和光荣在1975年第三届全国体育运动会武术比赛时认识，现已有43年的时间，对他是有一定了解的。洪光荣先生出生于武术、中医世家。5岁起就随父习练基本功和基础套路，后又师从兰少周、王银天师傅，全面地传承南少林武技，1975年作为福建省武术队运动员，参加第三届全运会武术比赛，荣获南拳全国第八名。随后多次参加各类武术比赛，屡获佳绩，还出访过日本、菲律宾、新加坡等做精彩表演，深受欢迎。1982年起从事武术教练员工作，培养出全国乃至国际武术大赛的冠军。2016年被莆田南少林寺聘为"南少林寺武术指导"，为南少林寺武僧传授传统武术。他整理的"莆田南少林武术"获得福建省非物质文化遗产代表性项目，他为该项目福建省代表性传承人。他从民间习武者到优秀武术运动员，再到优秀武术教练员，再到莆田南少林禅武文化的探宝者和传承者，这一华丽转身，转得非常好，将一辈子的习武、授武的经验，用到继承传统、弘扬国粹的伟大事业中来，这是非常有意义的。

在大量挖掘整理和调查研究的基础上，光荣先生等编纂的这本图书，名叫《莆田南少林武术》，我有幸先睹此书，觉得该书起码有以下几点意义：

第一，充实了莆田南少林文化的内容，有助于弘扬南少林武术。莆田在古代称为"兴化"。自古以来，兴化大地文风兴武运盛。历来民风彪悍，武林英才辈出，自唐以来，莆田南少林传统拳械就逐步自成风格，形成了具有各自特点的诸多流派共存并进的良好局面。以洪光荣会长为牵头人的编委们深入各门派进行广泛的调研，认真考证，群策群力，最后能够对各有关拳种的历史渊源、传承谱系、拳理的技艺特点、健身价值，及至功法与套路，做了比较系统、全面的阐述，图文并茂，既有史学价值，又有现实意义。这里面凝聚了光荣先生和编委以及广大拳师的智慧与心血，对莆田武术的研究具有开创性的意义。

第二，武禅融合，传统与时尚结合。莆田南少林寺以禅机识武道，又以武道悟禅机，以禅入武，以武悟禅，禅武兼修，形成独特的南少林禅武文化。光荣先生一直在莆田民间武术中摸爬滚打，对当地民间传统武术知根知底，具有很强的草根性。同时，又能跟上时代的脚步，运用中医知识对拳种的健身价值、实战价值加以科学的阐释，使传统性与时尚性碰撞出耀眼的火花。传统与时尚，相得益彰，结出丰硕的果实。

第三，丰富福建武术拳械录的宝库，利于促进福建武术事业的发展。

2011年6月出版的《福建武术拳械录》已对我省的许多拳种、器械做了较为详尽的阐述，但对莆田这几支拳种叙述较少，而此书恰好是莆田南少林武术的缩影，应该是对福建武术拳械方面研究的补充，丰富了福建武术拳械录的宝库。

这本图书的出版，也将对我省区域性本土优秀文化的研究产生积极的影响。目前，泉州、漳州、福州、厦门等地都对自己所属地域的拳种展开、一定挖掘了整理和研究，如果每个地域都能组织人力对本地域拳种进行研究，必然对传承、推动福建武术事业的发展起到很好的作用。

诚然，这本书也不可能全无瑕疵，譬如对有些拳种的古代部分史料稀缺，还有待于今后深入挖掘。再譬如说，若能以拳种来带动人物，则会条理更清晰，层次更分明。建议光荣先生及编委会同仁日后可以从某一单项拳种进行更为深入的研究，使之更具有规范性和科学性。未竟事业，有志者自当继续完善之。

我有幸先睹此书，欣然命笔，聊以为序。

中国武术九段，中国武术专家委员会专家，
武术国家级教练，国务院特殊津贴的优秀专家，
福建省武术队原主教练

2018年6月10日

序二

近日，莆田洪光荣先生等编著《莆田南少林武术》一书请余作序。在莆田的武术界，洪先生可称为领军人物，他热心推广南少林传统武术，曾获得过诸多荣誉，并培养出众多的武术、拳击、散打、跆拳道优秀运动员。

《莆田南少林武术》是一本武术专辑，此书不仅介绍流传保存于民间的传统武术拳械套路，还在深入挖掘整理的基础上，分析总结，对南少林禅武文化做出独到的阐释；在纷繁芜杂的武术历史中理清脉络，选精摘要，凸显内涵。《莆田南少林武术》一书表现出极其丰富的信息量，以南少林寺的创建兴灭为主线，介绍其坎坷的发展史，勾勒出南少林禅武文化的轮廓，内容详尽，文字凝练，不仅对南少林武术的起源、形成、发展及禅武文化形成作了梳理，还对禅茶文化有独到见解，至于书稿的主体部分，则列举出几十种拳械的套路，介绍其历史渊源、代表性传承人物、风格特点及拳理要诀等。尽管这些介绍不可能囊括莆田的全部拳种，但可以说它们在莆田南少林武术中具有极其典型的代表性。

武术界中门派众多，既独立又互有交集，各家拳理有时甚至会以排斥的形式来表现其独特性，即使是同一流派，在发展传承的过程中，也难免会因传承者各自领悟的差异而衍生出不同的派系，但只要宗旨明确，文化灵魂不灭，这些派系的产生反而会促成百花齐放的异彩，互补映衬，丰富了内容，也深化了内涵，整个流派的文化体系也就有了更加深远的影响。

南少林武术文化的最突出特征就表现在禅武合一，这个"合"，并非物理性的机械"结合"，而是体用并存的"交融"，因其时刻关注了"体用双要"的意义，又处处体现"即心即佛"的禅宗义谛。《莆田南少林武术》一书正是以此为内核，力图给大众一个普遍性的启发。从某种意义上说，对南少林禅武文化的弘扬是有重要意义的。

陈玉樵先生为编著《莆田南少林武术》下了不少功夫。据我所知，他自幼喜爱各种体育运动，对于中华武术尤为精研，曾在国内重大武术比赛中获得过南拳项目的金牌，器械表演也颇具南派拳风；并曾以"武术文化学者"的身份在中央电视台的节目上阐释拳理。所著长篇《南少林传奇》一书也表现了对禅武文化的理解。他既有练武的实践，也具备对禅谛机理的理解。

洪光荣先生高瞻远瞩，带头编写《莆田南少林武术》一书，他积极收集资料，亲自撰稿，并联系远在海外的拳友陈玉樵，邀其共同编著。陈先生义不容辞，返回家乡，对来稿进行审阅编写，确立主题，设计书名，不辞辛劳，终于促成《莆田南少林武术》一书。吴鹤先生出生在武术世家，自幼饱受熏陶并跟随父母亲打拳练功，后又单招入学高等院校深造，对武术、拳击、散打、跆拳道、柔道、空手道都有较深的实践经验和优异成绩，培养输送了多名优秀运动员，培养的学生多次在全国全省获得优异成绩，并有多次出国访问经历。

冰冻三尺非一日之寒。要搜集资料、挖掘流散在民间的拳械种类，绝非易事；而整理内容，编写成书，若不具备一定的功力和精神，也不可能完成。首先，了解南少林寺的历史及其文化是需要时日的；其次，要完整表达这么多复杂的内容，若不费些精力绝对不行；再次，就是概括精要，准确阐释其文化内涵，更需要科学严谨的思维；最后，还要求作者具备相当的文字功底。相信书稿的各位编委为本书的问世花费了不少心血。

日前，在我的倡议下成立的福建省南少林促进会正举办年会，这时为《莆田南少林武术》题序，可谓因缘殊胜，故欣然提笔，是以为序。

福建莆田南少林寺方丈

2018.3.15

前言

莆田历史上的佛教传承源远流长，自南北朝至今，这块依山面海有平原的土地上龙象纷呈，高僧辈出。唐朝时，即有黄巷（今涵江区国欢镇黄霞村）人本寂禅师（840—901）承南禅衣钵，在曹山弘禅接化三十余载，大兴法席，创"曹洞宗"；又有无了禅师，以农禅之举，倡"一日不耕，一日不食"，建寺弘法，示寂后，肉身不腐，世称"肉身祖师"，名号载录佛教大藏经书上。

至于莆田南少林寺，则禅武兼修，蹊径独辟，以禅入武，以武悟禅，这一跨界文化可谓一枝独秀。

莆田的武术早在科举时代就已创造了辉煌的历史，到了清朝，莆田南少林寺武僧将武艺传入兴化大地，莆田的民间武术便与禅结下了不解之缘：一是南少林武术得到普遍的认同，并在坊间广泛传播；二是此后莆田武术的拳理要旨多与南禅义谛有着相同的思维方式，在演练教习的过程中甚至留下了机锋辩禅的烙印。

习练南少林拳，要求专注于心，心定而练，事半功倍；技战用拳时，准确判断对方力于何处出，发至何方，也要用心。以已心照，窥其心影。以禅武之道，去除孽障，接引正途。

其实，南少林禅武文化对于演练与实战的关系也有着独特的理解，认为：演练为水，技战为舟，水深方可浮大舟。平时练习中的套路，于实战中整为零用，恰如舟行水上，不是行于所有的水之上，而只是浮于所有水之中的某一片水面上；但若无诸多水面的汇合，也就不可能有浮起舟的那一片水面。所以，平时的练习十分重要，需要用心为之。

如何用心？有道是：万川映月。不同区域的水，可映出同样的月影；而不同流状的水面，映出不同形态的月影——但月依旧是那轮月，质体同一，所映之物像在任何地方全一样，也就是说，月映于不同的水的状态中，就有不同的月影，只有波静归本，月影才本相尽彰。习禅武之道、练南少林拳，也是如此：就是要净心凝神。唯如此，方可得真谛。修禅，需要修炼心性，净思慎行，戒性聚神，趋向圆满。体现在打拳上，就是要静心凝神，凝神方可聚气，聚气才会生力，生力则功达——禅武同道，于此可见一斑。

莆田南少林寺以禅机识武道，以武道悟禅机，创出一支独特的文化流派，成为南拳的发祥地。但是，清康熙年间，官兵围剿，火烧寺院，杀戮僧众，幸存的几位武僧逃出重围，流落于兴化，南少林武技由此从寺内传出，后来虽有官府打压，但仍广泛流传于民间，而且，这些含蕴禅谛的武功借助莆田人勇于创新、勤于思考的勤奋刻苦精神，得以不断充实，发展为几个形式不尽相同而要旨一致的流派。

然而，由于历史的原因，莆田南少林的拳种少了文字的流传，它们的传承几乎全是通过言传身教，而这样，那些南少林拳的习练者得到真传的可能性就更高了，拳种的承继显得更加纯净。

这是因为学拳习艺，有不少动作及其要领，乃至于诀窍，是只可意会不可言传的；准确完整的表达，在言传之际，尚需适时亲身演示，多渠道释义，才能使人正确领会，而这些是单纯的文字流传无法胜任的。这也就意味着，亲身教诲、当面指导，更易让人在习练过程中少走弯路，并杜绝纸上谈兵的误导。

可以说：言传身教，可以让习练者领悟更真切、更深刻！固然，文字的传习显得更规范，但打拳不单是技术，还是一门深不见底的艺术，许多要领、诀窍，往往在千变万化中体现；人有差异，事有差异，背景也不是千篇一律，有差异，就必须变通，文字传输的变通渠道毕竟少了，各人对同一段文字的理解有深浅之分，甚至会存在不同角度、不同路径的理解，这就难免会出现曲解的情况，所以，当年代久了，倘能流传下来的，那最纯正的教习当然还数言传身教。

不过，由于时代的变迁，言传身教也暴露出了一定的局限性：社会发展的节奏快了,文化活动的内容复杂了,人们心态的宁静受到了干扰和冲击,言传身教的效果因而大打折扣,乃至于无以为继;这又必须有文字对民间的武术文化作记载,使之不至于因相关传人的逝去而消失。

文字记载对于特定文化的传承并不完美,但是又是目前保护传统文化时最现实且极为迫切的一种方法。优秀的传统文化是人类文明的宝贵财富,继承它,是我们的福缘;保护它,是后人的责任。

南少林禅武文化脱胎于佛教世界,融入了民俗社会,又经历过时代的磨炼,其多元性是不言而喻的。它们那丰富多彩的表现形式,深邃隽永的内涵,闪烁着前辈智慧的灵光。

根器植于内,智慧发于外;有心性者即有根器,发现根器,激发根器,就是去结成智慧果。所以,研习、传播禅武之道,亦如做功德,于己于人,皆有裨益。

编著者

目录

第一章 南少林武术历史渊源 / 001

第一节 一方文武甲天下 / 002

第二节 少林武功传闽中 / 008

第二章 南少林武术传承弘扬 / 022

第一节 薪火相传三百年 / 023

第二节 弘扬光大在今朝 / 025

第三章 南少林武术流派 / 057

第一节 "五八"门派 / 058

第二节 "瞎子添"门派 / 067

第三节 涵江门派 / 070

第四节 仙游门派 / 073

第五节 白鹤门派 / 074

第四章　南少林武术传习概录　/ 076

第一节　洪光荣习传拳械　/ 077

第二节　黄飞鹏习传拳械　/ 143

第三节　何锦民习传拳械　/ 151

第四节　林志平习传拳术　/ 153

第五节　蔡永希习传拳械　/ 157

第六节　戴良鸿习传拳械　/ 166

第七节　陈志勇习传拳术　/ 183

第八节　陈志荣习传拳械　/ 185

第九节　戴义龙习传拳术　/ 189

第十节　朱圣熙习传拳术　/ 191

第十一节　郑梓明习传拳术　/ 195

第十二节　何文水习传拳术　/ 195

第十三节　郑瑞凿习传拳械　/ 198

第十四节　释学明习传拳术　/ 205

第十五节　陈美育习传拳术　/ 207

第十六节　吴锦春习传拳术　/ 209

第十七节　余玉林习传拳术　/ 212

第十八节　陈玉樵习传拳术　/ 213

第十九节　姚玉棋习传拳术　/ 234

附录 / 235

后记 / 244

致谢 / 246

第一章 南少林武术历史渊源

第一节

一方文武甲天下

莆田是一个崇文尚武的地方。古往今来，这里不仅文风鼎盛，而且武风盛行。北宋神宗熙宁九年，莆田徐铎、薛奕双双获得文、武状元，宋神宗有诗赞曰："一方文武甲天下，四海英雄入彀中。"这种崇文尚武的社会文化背景为南少林武术在莆田的传承、弘扬光大奠定了坚实的基础。

在中国封建社会从隋朝至清朝末年整个科举时代，全国各地进士达千名以上的进士县，只有18个，其中福建省占4个，其中莆田雄踞福建省进士县的榜首。莆田县的历代进士多达1700多人，唐朝前期从莆田县分出而成立的仙游县进士701人，莆田、仙游两县共有2400多人，以上数据没有包括已经移民外地的莆田人所中的进士。宋代所取进士中，每42人中，就有一个是莆仙人。不仅如此，仅在宋代，莆仙人中状元、榜眼、探花的人数，也位居福建之首。

福建莆田历代文状元为10人、武状元为12人：

文状元

五代（大梁） 徐寅 梁开平元年（907年）

北宋 徐铎 宋神宗熙宁九年（1076年）

南宋 黄公度 宋高宗绍兴八年（1138年）

南宋 郑侨 宋孝宗乾道五年（1169年）

南宋 吴叔告 宋理宗端平二年（1235年）

南宋 陈文龙 宋度宗咸淳四年（1268年）

元朝 林济孙 元惠宗至元六年（1340年）

元朝 林亨 元惠宗至正三年（1343年）

明朝　林环　明成祖永乐四年（1406年）

明朝　柯潜　明代宗景泰二年（1451年）

武状元

蔡必胜　南宋乾道二年（1166年）丙戌科武举第一名

薛奕　宋神宗熙宁九年（1076年）武举第一名

陈从龙　宋光宗绍熙元年（1190年）武举第一名

叶颙　宋宣和六年（1124年）殿试第一名

林定元　明世宗嘉靖元年（1522年）武举第一名

廖标　明世宗嘉靖四年（1525年）武举第一名

陈安定　明世宗嘉靖十六年（1537年）武举第一名

吴泰来　清世宗雍正二年（1724年）武举第一名

林洪　清高宗乾隆十八年（1753年）武举第一名

黄振邦　清高宗乾隆五十九年（1794年）武举第一名

康荔芳　清仁宗嘉庆二十一年（1816年）武举第一名

周玉辉　清德宗光绪十五年（1889年）武举第一名

一、宋代武进士、武状元

蔡必胜

蔡必胜（1139—1203年），字直之，原籍莆田（今福建省莆田），后徙居温州府平阳县万全乡步廊村（今浙江省温州市平阳县）。宋孝宗乾道二年（1166年）武科进士，补成忠郎。授江东将领副使，知邵州。光宗即位，召为合门舍人，带御赐器械，知合门事。宁

蔡必胜

宗即位，出知池州，徙楚州、庐州。嘉泰三年卒，年六十四。

蔡必胜曾祖蔡岳、祖父蔡钦事迹已不可考。父亲蔡蔚，曾被朝廷赠予武德郎。

蔡必胜自幼习文练武，人品学识俱佳。他中武状元后，被授予江东将军。按当时军队规定，所有将校参见主帅，都必须穿小袖衫拜于堂下，而蔡必胜却穿袍执笏揖于堂上，表现了不同凡人的个性。时任参知政事兼枢密使的虞允文很赏识蔡的才华，欲委任他做学官，却遭到推辞。在任上，蔡曾积极协助其他将领查禁私盐贩卖，朝廷要奖赏有功人员，他只字不提自己，将功劳全记在他人身上，为此受到同僚们的敬重。

薛奕

薛奕，字世显，生于北宋皇祐元年（1049年），宋兴化县清源西里人。

据薛氏谱牒称，薛奕乃唐代名将薛仁贵第十二代裔孙。莆田薛氏的始祖德海公于唐玄宗时任莆田守备，其子孙随军从绛州龙门迁居莆田。后德海公死于任上，其后裔遂定居于此。薛奕自幼聪明过人，生性好动，常于读书习文之余，使枪弄棒。其母见他可堪造就，特聘请一文一武名师教授道德文章和十八般武艺。薛奕的确是个踏实懂事的孩子，学习十分认真，经、史、子、传，悉心苦读；刀、枪、剑、戟、棍、棒、槊、鞭等，样样精练。几年工夫，他便成为当地有名的文武双绝的才子。

熙宁九年，朝廷同时举行文武科考试。薛奕心怀保家卫国之志，千里迢迢到汴京参加应试。他原来是贡士的身份，入京后，看到当时的西夏和辽屡屡犯边，战事频繁，而守军屡战屡败，常以屈辱的条件媾和。因此，志向高远的薛奕为了尽快报效国家，毅然决定应武举试。

武举，又称武科，是科举制度中专为选拔武艺人才而设置的科目。它始创于唐长安二年（702年），应武举的考生由各州县举送，兵部考试。唐代的武状元即兵部考试的第一名。像进士科一样，武科考试要求也非常严格，不但在贡院进行文考，考试时搜身上锁，而且考纪严明，不得有半点违规行为。由于薛奕准备充分，在贡院文考时，举凡孙吴韬略、行军布阵，都能对答如流；在校场比武时，他英姿飒爽，骑马拉弓，五矢五中，箭箭射中靶心。尤其是在皇帝主持的殿试中，他力挫群雄，勇夺第一，成为一个名副其实、文武全才的武状元。

有意思的是，在同年的文进士科殿试中，距薛奕家乡仅数十里的邻邑莆田县的举子徐铎，被宋神宗钦点为文科状元，当皇帝得知薛奕和徐铎同属福建路兴化军时，不由龙颜大悦，抑制不住以科举网罗到人才的兴奋与欢喜，特为二人赐诗，诗中有句云："一方文武甲天下，四海英雄入彀中。"表达了当朝天子对莆田人夺得"一科两状元"的赞誉，至今仍成为传颂千古的名句。薛奕、徐铎后来双双衣锦返乡，并结为儿女亲家。

大魁天下后，薛奕被授予凤翔府兵马都监的官职。凤翔府在关中地区，府治天兴（今陕西凤翔），都监掌管本府军队的屯戍、训练和边防事务。到任后，他恪尽职守，不久，因积功而被提升为正将。将是禁军的编制单位，将下设部，部下设队，一将兵力一般有几千人，少数的将达万人。正将是将的最高长官，其下设副将、押队使臣、训练官、部将、队将等，薛奕成为一名高级军官。由于他武艺高强，又懂韬略，战时带兵打仗，平时操练比武，很有一套办法，而且治军严谨，又善于处理军民关系，故此在凤翔府一带颇负盛名。凤翔府所辖的地域比较宽广，包括现在的陕西、甘肃、宁夏一带。宋初，这里是边陲地带，与西夏相邻，西夏是游牧民族党项人建立的国家，都城兴庆府（今宁夏银川）。西夏人擅长骑射，经常侵犯宋朝边境，双方时战时和，互有胜负，打打停停达几十年之久。为了防止西夏的进犯，宋朝廷在西北边境长年驻扎数十万军队，与西夏对峙。

宋庆历四年（1044年）10月，宋夏双方重新和谈，达成协议。宋朝册封李元昊为夏国主，夏对宋名义上称臣。宋廷每年"赐"给夏国绢13万匹，银5万两，茶2万斤。逢节日与元昊生日另"赠"礼物银2万两，银器2千两，绢、帛、衣2.3万匹，茶1万斤。宋、夏恢复贸易往来。宋神宗即位（1067年）后，立志要改变国家积弱积贫的状况，任用改革派王安石为宰相，实行富国强兵的变法措施。在军事上，首先采用了"将兵法"，选拔一批精通武艺的军官负责训练军队，提高士兵的素质和作战能力。作为武状元的薛奕，就是在这种背景下被派往凤翔府的。

陈从龙

陈从龙，字子云，安仁里人。七世祖陈齐鹊，封忠顺王，为指挥使。宋兴，陈王入贡京师，既而纳土。从龙早孤，甫冠，通韬略，试入武举，以累举推恩居榜首。监邕州税，卒于官。

叶颙

叶颙（1097—1126年），万善里古濑（今莆田仙游大济镇古濑村）人。宋政和年间，与胞弟叶颛徒步入京，在太学博士的辅导下，奋发学习，熟读经史，旁通百家兼练学骑射，练就武艺。

不久，金兵大举攻宋，为防御金对宋的严重威胁，宋宣和六年（1124年），朝廷设试武艺谋略科考试，选拔军事人才。叶颙欣然应试，夺魁为武状元。授承节郎。随大将刘延庆带兵守卫京城东北部。金兵仗势，日夜围城，形势十分危急。叶颙见寡不敌众，危局难以挽回，便召唤其弟叶颛说："吾兄弟被义方之训，当勉于忠孝，然不可两全。吾已受命，当登陴战死，以尽臣节。尔其归养，以供予职。"自己坚守阵地，奋力杀敌，靖康元年（1126年），以身殉国，年仅29岁。

二、明清武进士、武状元

林定元

林定元，福建莆田人，明世宗嘉靖元年（1522年）武举第一名。

廖标

廖标，福建莆田人，明世宗嘉靖四年（1525年）武举状元。

吴泰来

吴泰来，福建莆田人，清世宗雍正二年（1724年）武举第一名。

黄振邦

黄振邦（1770—1850年），字守魁，号雪庵居士，清武状元。福建莆田县景德里前厝人。祖父黄尔相（1702—1780年）配东井邹氏，父亲黄学石（1737—1820年）配罗巷林氏。黄振邦二十五岁荣登清高宗乾隆五十九年（1794年）武举第一名，配清浦周氏。

黄振邦自幼酷爱武术，乾隆年间，在县学红泉书院获童试第一名。后拜林洪为师，精进有成，黄振邦坚持不懈，苦练五年，终于学有所成，由莆田县城考试到京师会试，一路夺魁。乾隆五十六年（1791年）八月，考取武秀才。清高宗乾隆五十九年（1794年）恩科武举第一名。是

吴泰来

黄振邦

年春经兵部会试，被录取为第一名，为会元。朝廷开科殿试，乾隆皇帝偕文武大臣亲临考场，殿试分三场，第一场步射，黄振邦以36步8箭中完成了规定的要求之后，他又拉开十力之弓，开弓如满月，射箭似流星，射一箭正面中靶心，再射二箭侧斜射圆心，射三箭回头望月穿中心，挥舞得呼呼生风，拿下第一场。第二场舞刀花，他拿起100斤的刀十几招后仍面不改色，气势如虎，众考官看得齐声喝彩。第三场石锁较力，一个彪形大汉勒马向石锁飞驰而来，说时迟那时快，黄振邦一个海底捞月，将百余斤的石锁抄起来，继而套住马拽着绕场一周，然后犹如顺水推舟地掷了出去，令

皇帝与众考官惊叹不已。黄振邦夺得头名状元。乾隆皇帝当即传谕，封他为御前头等侍卫。黄振邦成了皇宫的最高侍卫官。黄振邦考取头名状元之后，乾隆皇帝下诏，敕造"前厝状元府第"，声名远播，他义父林洪家也因此增光添彩，荣耀一时。黄振邦虽然功成名就，但不忘启蒙师傅林洪的栽培，上书林洪"莆郡武师"四个大字，印文为"御前侍卫南京大总督黄振邦印"。林洪去世后，他还亲自写了祭文，以示哀悼。黄振邦守卫皇宫，尽职尽责。后来，南京长江下游屡有海盗窜犯，危及官署，袭扰村舍，边防兵急。道光皇帝览阅奏章后，与众大臣商议选派良将，有大臣荐举黄振邦，说他忠贞报国，武艺超群。道光皇帝说道，黄侍卫保卫皇宫有功，但是南京安危事关重大，只好忍痛割爱。于是，传旨命黄振邦赴南京一带安邦抚民。黄振邦初到南京，就统兵设防，不遗余力，御敌于国门之外，未尝松懈。清宣宗道光三十年（1850年）八月十五日黄振邦病逝，南京百姓为之举哀。南京大总督黄振邦去世的消息传到京城，朝廷上下深为痛惜，道光皇帝下旨将其灵柩日夜兼程护送到福建莆田县景德里前厝，隆重祭奠并予以厚葬。

第二节

少林武功传闽中

一、莆田南少林武术

千年名刹，只因一场变故，湮没三百年。

刀光剑影中，烈焰冲天，烧毁了一整座寺院，却烧不尽禅法的精妙、武学的神奇，这就是莆田南少林寺，禅武合一而绽放的一朵奇葩，而由寺内武僧传至莆田大地上的武术文化，经几代人的努力，至今还在传承发展。

禅谛武学源远流长

南朝陈宣帝太建六年（574年）时，北周武帝（建德三年）废佛灭僧，嵩山少林寺首当其冲，寺产抄没，寺僧还俗。有慧可二祖之弟子紫常，云游至莆田西天尾林山，见此处酷似嵩山，且有九峰似莲花，更得玄妙，便择地建立佛刹精舍，名曰"林泉院"。

嵩山少林寺由隋文帝复名后，慧可二祖许林泉院为莆田少林常住院，赐名"莆田少林寺"，并亲自委派长老前来任方丈。

开山祖师紫常圆寂后，三祖僧粲派高徒佛光前来。禅师深明禅性，彻悟真如，唐贞观年间南下，云游紫霄山下，于一梧树下坐禅说法，并刻字于树上曰："霞梧吾境。"

霞梧禅院建成后，宗风弘扬。

唐初武德二年，王世充占据洛阳，令其侄王仁则招兵买马。次年九月，秦王李世民知其欲反，大兵压境，双方争战激烈。关键之时，有少林寺武僧昙宗、志操等率兵参战，生擒王仁则，迫使王世充降唐。唐太宗一统天下后嘉赏少林寺，准其设僧兵，代代沿袭。

不久，昙宗大师奉唐太宗旨意，派道广和尚率500僧兵南下平盗，便把达摩老祖所传之禅法、武风也带到了兴化，北少林以腿功扬威，南少林凭拳法驰名，于是有"南拳北腿"之誉。

唐武宗会昌年间，六祖慧能的高徒千灵大师南下主持寺务。他依嵩山少林寺之制式，改建扩建，大振寺风，并在常住院附近的几处要道隘口再造分寺及悟禅洞。

至此，霞梧院与林泉院融为一体，前有紫霄怪石，以奇为衬；旁依九华叠翠，以秀作屏。山莽莽，松涛荡武风；泉悠悠，流韵歌禅悦。就在这样的环境中，寺院中僧人修禅练武。

虽说南北少林武技同派，功夫同源，都讲究外练筋、皮、骨，内练精、气、神，但具体功法上又各有所异，互有所取。所谓武学多支派，人体一拳脚，只是各取所需。武风上如此，禅法上也紧密相关，同究一宗。

莆田南少林寺僧秉南禅义谛，融地域特色，创建了更适合南方地形及人体特征的招式套路，短打封闭，迅捷凶猛，有别于北拳的长弓大马，这就是系统的南少林武术。

南少林寺的拳法充分体现了力蕴形内、形至力发的特点。

明嘉靖年间，倭寇犯境，乘民间过年、官兵疏于防范之际，倭寇偷袭，兴化府沦陷，惨遭屠城。朝廷派戚继光率兵围剿，当地民众奋起抗倭，南少林寺也出动僧兵参战。黄石林墩一战中，戚家军以1500精兵一举歼敌4000余，震破敌胆。此后，又多次与倭寇激战。兴化百姓操起武器，甚至持农具参战，杀得倭寇落花流水；而南少林寺武僧个个武艺高强，刀舞棍挥，更是叫贼寇胆战心惊。

清康熙十三年，天地会成立。据范文澜《中国通史简编》记载："相传创始人是福建莆田县九莲山少林寺和尚（明末义士多削发为僧）蔡德宗、方大洪、马超兴、胡德帝、李式开五人，称为前五祖。"

武僧团总教练释门正拳照

《洪门历史》也提到：莆田县九莲山少林寺方丈智通禅师精武艺，寺中有僧众百二十八人，练习武艺。少林寺文武人才，遂极一时之盛。

二、火烧南少林

南少林寺结交豪杰，建造红花亭，触犯了朝廷忌讳，清康熙五十八年，皇帝命陈文耀、张近秋率官兵夤夜围攻。因慑于武僧英勇，就收买叛徒，埋下炸药，四面纵火，万箭齐发。寺中僧众大多奋勇战死，寺院化为灰烬，唯数人通过地道逃出，流落江湖，南少林拳术器械便由此传入莆田民间。

由于火烧南少林事涉反清，史乘方志不予记载，寺院遗址就湮没于荒草丛中，沉寂三百年。

1988年，原莆田县在文物普查中发现了南少林寺中心寺院"林泉院"的遗址，组织专家缜密考古论证，发掘出石药槽、柱础等文物，1992年9月25日，莆田市人民政府在北京人民大会堂举行新闻发布会，宣布"林泉院遗址即南少林寺遗址，并决定重建莆田九莲山南少林寺"。

考古挖掘出的莆田南少林寺遗物

挖掘出的历史遗物　陈艳　拍摄

中华人民共和国
考古发掘证照

考执字(1990)第236号

发 掘 单 位：福建省博物馆

发 掘 地 点：莆田县林泉院南少林寺基址

发 掘 面 积：1000　平方米或古墓葬　　座

发 掘 时 间：1990 年11 月至1990 年12 月

发掘队领队：林公务

1990 年 5 月 18 日

参加南少林寺遗址论证会的专家、学者们在研究遗址上的大石槽（洪光荣穿白色横纹T恤、左手夹黑色公文包）

洪光荣（右）和中国武术院理论研究部主任夏柏华教授参加南少林寺遗址论证会后在遗址合影留念（1991年9月）

1991年9月夏柏华教授题词

时任成都体院武术系主任习云太题词

"镇山玉"为唐代文物,系王云展先生捐赠。这块"镇山玉"约12cm×8cm见方、厚0.6cm

考古挖掘的遗留器物　陈艳　拍摄

练功石锁　陈艳　拍摄

历史的见证——红花亭

南少林寺西有个红花亭,里面是保民殿,建于隆武二年(1646年丙戌,南明绍宗朱聿键的年号,对应清朝是顺治三年),为莆田人郑郏和陆圻所建,后为反清复明义士的聚会之所。保民殿的民字是出头的,意为反清复明为民出头。神案底座是石砌莲花图案,亭柱对联为"柏酒倾杯绿,篱花带雨红",因下联有红花,故名红花亭。

亭柱上有"万物总归三尺剑,五云时现七星旗"的对联,殿内柱子两副对联分别是"手持七星护国泰,足执二法保民安"、"剑下龟蛇照日月,旗中龙虎透云霄",殿内供奉的是郑成功、万云龙、陈近南,这几个对联和洪门"花亭结义改姓洪"等,可以证明这里是当时洪门,即天地会聚会结义的地方。亭子的西边有地道入口,据说是通到东边几里地之外的萩芦。因为有地道,所以清兵数次攻打,均无功而返。后来义军出了叛徒,引清兵从地道攻入,然后火烧南少林寺三天三夜,之后屠城三日。

红花亭遗址(一)

红花亭遗址（二）

三、南少林武术传入民间

1986—1988年，原莆田县在文物普查中发现了南少林寺中心寺院"林泉院"的遗址，组织专家缜密考古论证，发掘出石药槽、柱础等文物，1992年9月25日，莆田市人民政府在北京人民大会堂举行新闻发布会，宣布"林泉院遗址即南少林寺遗址，并决定重建莆田九莲山南少林寺"。

1991年9月14日至16日，由中国体育科学学会武术学会、福建省体委、福建省武术协会在莆田兴化宾馆联合召开了"南少林寺遗址论证会"，来自全国各地武术、历史、考古、宗教界的30多位专家、教授、学者齐集莆田进行多学科、多方位的科学论证后，于1992年4月5日上午，经福建省人民政府批准，莆田市人民政府、福建省体委在北京人民大会堂云南厅召开"南少林寺遗址论证会暨重建南少林寺"新闻发布会，宣布"南少林寺在福建莆田，并将早日重建"。时任嵩山少林寺第二十九代方丈德禅大师赠送了"南少林寺就在福建莆田九莲山下"的亲笔题词。

1992年4月5日上午，经福建省人民政府批准，莆田市人民政府、福建省体委在北京人民大会堂云南厅召开"南少林寺遗址论证会暨重建南少林寺"新闻发布会，主席台上为（从左至右）苏玉太、陈兰通、林一心、李梦华、杨成武、陈丕显、荣高棠、徐才、田鹤年、周绍良

1991年9月14日至16日，中国体育科学学会武术学会、福建省体委、福建省武术协会在莆田联合召开"南少林寺遗址论证会"

1991年9月参加莆田南少林寺遗址论证会的专家、学者、记者与莆田市主要领导合影留念（洪光荣在后排右第一位）

出席莆田南少林寺遗址论证会评委名单

鉴定会职务	姓名	工作单位	所学专业	现从事专业	职称职务
主　任	习云太	成都体育学院	武术	武术	教授
副主任	秦宝琦	中国人民大学	历史	清史	教授
副主任	罗炤	中国社会科学院	历史	宗教	教授
副主任	吴玉贤	省考古博物学会	考古	考古管理	副理事长、秘书长
委　员	郝心莲	甘肃省体育科研所	武术	体育科研	研究员
委　员	丁明夷	中国社会科学院	历史	宗教考古	研究员
委　员	昌沧	《中华武术》杂志	法律	新闻	编审
委　员	陈祖武	中国社会科学院	历史	清史	副研究员
委　员	程㺯	中国人民大学	中国近代史	中国近代史	教授
委　员	王国辉	《武林》杂志	体育	新闻	副编审
委　员	康戈武	国家体委武术院	武术	武术理论研究	副教授
委　员	黄鉴衡	《武林》杂志	体育	新闻	省武协副主席
委　员	洪正福	福建体育学院	武术	武术	副教授
委　员	曾凡	省文物鉴定委员会	考古	考古	副研究员
委　员	胡金焕	福建师范大学	武术	武术	副教授
委　员	甄秉浩	河南省作家协会	哲学	文学创作	理事

时任河南嵩山少林寺第二十九代主持德禅方丈的亲笔题词：

> 南少林寺就在福建莆田九莲山下。
>
> 少林寺第二十九代
> 方丈 德禅
> 1980.4.3.

鉴定或评审意见：

南少林寺遗址论证结论

一九九一年九月十四至十六日，中国体育科学学会武术学会与福建省体委、福建省武术协会在莆田市联合召开了南少林寺遗址论证会。会议期间，来自北京、河南、四川、广东、甘肃、广西、福建等地的武术、历史、考古、宗教等学术界的专家三十余人，就闽中少林寺的有关问题，展开了充分的讨论，经评委会论证，形成如下几个方面的共同认识。

一、近三年来，福建省文物管理委员会考古队、莆田市南少林研究会及中国体育报驻福建记者站，在福建省莆田市西天尾镇林山村寺院遗址进行了十分艰苦而卓有成效的调查、发掘和研究工作，从而为这次论证会提供了可靠的依据。

二、根据现有文献和第一期考古发掘的成果以及所搜集的诸多文物，可以确认，林山村寺院遗址，就是历史悠久的重要禅寺林泉院遗址。林泉院始建于南朝陈永定元年（公元557年），至迟于北宋中叶仁宗嘉祐年间，此寺业已形成很盛的武风，成为我国东南沿海武术活动的重要中心。

三、鉴于上述两点，基本判定：林泉院即武术界通称的闽中少林寺，也就是南少林寺。

专家评审委员会负责人签字：
一九九一年九月十六日

第一章 南少林武术历史渊源

原中顾委委员荣高棠题词

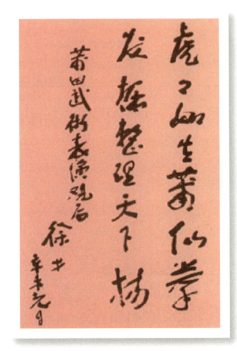

时任亚洲武联主席徐才题词

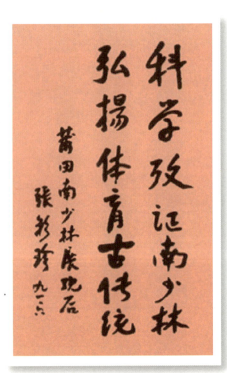

时任国家体委主任李梦华题词

时任国家体委副主任张彩珍题词

莆田南少林寺是南拳的发祥地之一，禅武文化独领风骚。优秀的文化总能体现不凡的穿透力，莆田历代武杰辈出。优秀的文化也催生成绩的辉煌，现在，莆田市已拥有武英级运动员13人，多次在全国、亚洲、世界的锦标赛中夺冠，其中的林凡，在2008年北京奥运会上技压群雄，勇夺南拳、南刀、南棍全能冠军；2017年中央电视台春节晚会上，从全国各地挑选出来的80位世界级武术比赛冠军齐聚舞台，精彩表演，其中莆田籍的运动员就占了两位，他们是各获得国际、全国大小赛事四十多块金牌的陈洲鲤和庄莹莹；而该节目的训练由国家体育总局武术中心选派"全国最优秀的教练员"来担当，其中的戴林彬也来自莆田，并担任教练组组长。

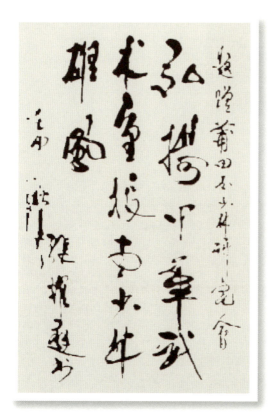

时任中国武术院院长、中国武协主席张跃庭题词

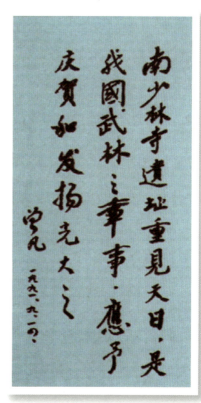

时任福建省文物鉴定委员会主任曾凡题词

第二章 南少林武术传承弘扬

第一节

薪火相传三百年

一、清代传承

清康熙五十八年,官兵火烧南少林寺,只有极少数武僧突围而出,流落民间。后来莆田灵川镇东沙人蔡灼哥不管官府禁令,收留了一武僧,得其秘传,练成南少林功夫,在莆仙一带名头极响。莆田新度锦墩人"瞎子添"(因其双目失明,人们起此外号,久而久之,竟忘其真名实姓)拜于蔡灼哥门下,学得一身南少林武艺,后来自立门户。

清末,涵江哆头隔田村的李道乙自幼喜好武术,练成一身功夫。据传,李道乙曾只身跟随僧人前往永泰县深山的一座寺院学拳。后来虽双目失明,但听力奇佳,到梧塘镇设馆授徒时,有当地拳师不服,试其功夫后,不得不甘拜下风。李道乙曾收哆头乡哆中村的李红全为徒。

二、民国时期传承

民国时期,军阀混战,兵匪为乱,莆仙民间以拜师练习南少林武术为防身之策。特别是在上里的小村落里,村民更热衷于习武。仙游一带以练习棍法、扁担法为主。仙游书峰的拳师黄吓仲较著名。在国内革命战争时期,莆仙的共产党及红色革命队伍十分重视发挥南少林武术在革命战争中的作用。在仙游麦斜岩成立的红军一〇七团和在莆田庄边成立的红军二〇七团中,不少学过南少林武术的人士成为红军战士,在后来的抗日战争和解放战争中成为勇士猛将。

民国时期，民国政府在莆田设国术馆，统称南少林派下。派下有南北河两大派别：以杨少奇为代表的"五八派"，坊间称其"北河派"，其门下杰出弟子有兰少周、郑子明、高灿新、高灿坤、大头森及涵江陈子宏等，这些弟子多家境殷实，条件优越，能专心习武，钻研提高，故技艺全面，功夫深厚；以瞎子添为代表的"灼哥派"，坊间称其为"南河派"，其门下杰出弟子有黄绍腾（人称"朴务兰"）、成猴、林明、林璧等。莆田灵川人蔡灼哥每年进城数趟授艺，多有不便，后收下城郊锦墩盲人"瞎子添"为徒，特地雇轿将他接至灵川东沙治疗，并授艺。艺成后，带他进城，代师传艺，所以，朴务兰等人先是师从蔡灼哥学艺，后由瞎子添代师传艺。朴务兰门徒有蔡金明（毯九生）等多人，门下弟子偶因竞技而争胜斗勇，但终归于团结。

灼哥派后来主要由瞎子添执教，故又称"瞎子添派"，门下弟子众多，包括南门成猴、矮子明、林璧等。瞎子添初来设馆，众徒不服，认为瞎子授艺面子上不好看，难以学好功夫。师祖就让大家前去比试，有人乘试拳纷乱，猛掷石块，瞎子添一手接住，由此众人信服。瞎子添教拳时，先是自己演练示范，之后立于旁，双手平伸而出，掌心向外，令徒弟逐个在面前演练，听风辨声，指导纠正；每个套路教毕，又教徒弟拆招对练，以期练为战用，促使门下弟子提高实战能力。

就拳风而言，两派都具备南拳短打封闭、灵捷迅疾的典型特点，其中"五八派"尤以"颤劲"见长，略显轻巧；"瞎子添派"则劲力刚猛，表现硬朗。

三、新中国成立初期传承

新中国成立初期，莆田民间武术界以练习和传承南少林武术作为健身运动项目之一，之后逐渐发展为体育竞技项目。20世纪60年代，著名的南少林拳武师兰少周在莆田收徒传艺，培养出洪光荣等一批优秀传人。

1990年洪光荣（第六排左第六位）在北京体院参加全国教练员、
运动员南拳、太极拳竞赛套路训练班集体合影留念

弘扬光大在今朝

一、莆田南少林武术协会

莆田南少林武术协会的前身为莆田市武术协会，成立于1992年。协会主席为洪光荣，副主席为冯少福、林志平等人。2008年更名为莆田南少林

武术协会，会长由洪光荣担任。其间，于2012年8月、2017年8月进行换届选举，充实领导班子，聘请协会顾问，不断提升协会活力。二十多年来，在洪光荣会长的带领下，南少林武术协会以保护、传承、弘扬莆田南少林武术为己任，先后在全市建立了46个武术训练网点或健身辅导站，培养了众多莆田南少林武术新一代传承人，组织选手参加省级、全国及国际武术赛事，共获得金奖262枚、银奖246枚、铜奖186枚。协会还广泛开展南少林武术的72种拳种、器械的挖掘整理和传承保护工作，整理出的莆田南少林武术11个拳种或器械被莆田市人民政府颁布为"市级非物质文化遗产"，洪光荣被命名为福建省非物质文化遗产保护项目"南少林武术（莆田）代表性传承人"。

2010年洪光荣（右后排第四位）参加中国武术协会工作调研会议

多年来，莆田南少林武术协会在弘扬南少林武术文化中求真务、实无私奉献。其工作业绩在第四届理事会工作总结中可见一斑。

（一）以协会为支点，拓展习武人群

本届协会以全民健身计划为工作重点，推进武术活动社会化，提高全民健身意识，增加武术活动人口。深入地挖掘整理，继承和发扬南少林传统武术。以市区为龙头，社区为阵地，基层为抓手。充分发挥社会体育指导员和民间拳师的骨干作用，扶持各健身训练网点的建设以及师资培训，做到习武多种化、活动多样化、动作规范化、健身经常化，着眼抓普及、促提高。引导广大群众、武术爱好者自觉地参与到武术健身活动中，健身人群稳步增长。培训、比赛等各种活动异彩纷呈，群众性武术蓬勃发展。大家都以传承南少林武术为己任。

（二）明确目标、充分释放武术健身功能

随着"全民健身战略"上升为国家战略，以及"健康中国"战略的提出。我们围绕任务和目标，有效释放武术在健康领域中的功能和作用，我们本着求真务实的原则，认真贯彻执行，凝聚健身群体，打造南少林武术文化，汇聚智慧，共同促进和推广南少林武术的传承与发展，更加紧密地融入"一带一路"的国家战略之中。

1.因地制宜，建立训练网点和辅导站　随着人们对自身健康的日益重视和对幸福生活的追求，越来越多的人认识到，武术的强身健体功能是其他项目不能替代的。为了满足武术爱好者和健身需求者的愿望，我市从2012年到2016年因地制宜地先后建立了46个训练网点和健身辅导站，辅导站的教练们都是义务地传授技艺，他们长年累月地为莆田市的全民健身事业默默无闻地、无私地奉献着。值得敬佩，值得表扬，在此向你们道一声"辛苦了"。

2.加强训练网点和辅导站教练员的业务培训　为了提高各训练网

点和辅导站教练员的执教水平,我们采取请进来和派出去以及自己举办训练班和参加省级比赛的办法,不断提高大家的业务技能水平和教练员的综合素质,培养了一批懂政策、精业务、讲团结、重科学的社会体育指导员。2012年我们举办了健身气功社会体育指导员培训班,两期共有208人受训,派出去参加省级各类培训班8期共38人,大大提高了协会骨干们的业务水平,有利于更加精准地指导各全民健身项目。

3.举办交流展示和汇赛,促进普及和提高 为了检验和提高各健身站点的训练活动情况,我们连续5年举办了莆田市百城千村健身气功交流展示和南少林武术、传统器械、太极拳、剑、扇等汇赛。健身气功展示的项目有健身气功易筋经、五禽戏、八段锦、导引养身功十二法、大舞、养生杖、马王堆导引术等,五年共有226队次,2300多人次参加表演和汇赛,有力地促进了社区武术活动的开展。值得赞赏的是,具有莆田特色的莆田南少林寺武僧和仙游龙华寺70多位比丘尼也积极训练组队参加,成为新闻媒体报道的一大亮点。中国体育报记者李雪颖等2人不远万里,从北京来到仙游龙华寺目睹比丘尼们的精彩表演,并在2015年7月7日的中国体育报上刊登了她们的禅武精神。

(三)举办全国赛事,互相学习、共同提高

1.精英赛和邀请赛等是推动社会武术的一种赛事方式,目的是让平民百姓有参与的机会,是老百姓重在参与的全民健身赛事平台,我们坚持赛事的"精英"性,培育各辅导站点的精英人才,起到了引领示范的作用,有利于以点带面地全面提升大家的技术水平。所以,我们每年都举办"莆田市太极拳剑和传统武术精英赛"。5年共有1500多人参赛。特别是在2015年，我们成功地举办了第五届中国（莆田）南少林武术文化节"信研杯"传统武术邀请赛，全国共有14支队伍参加，值得一提的是，北少林武术院校也派出3支队伍参赛，莆田南少林武术协会也选派了2支队伍参赛。南北少林一脉同宗，同场竞技，是本次赛事的亮点，在武林形成佳话，本次赛事也载入了莆田南少林武术史。本次赛会准备充分，组织严谨，安排有序，裁判员执法公正、公开，运动员遵守纪律，文明参赛，受到领导的表扬，也得到了参赛单位的好评。此外，我们还积极参加省级和全国性的比赛，据不完全统计，5年来南少林武术参加全省、全国比赛获得：金奖86枚、银奖73枚、铜奖56枚，男子个人全能第一9个，第二3个，第三2个，第五1个；另外，太极拳剑类获得：金奖62枚、银奖52枚、铜奖69枚，女子个人全能第一1个、男子个人全能第六1个。这些成绩也足以说明协会在武术领域的整体水平。

2.我们协会共参加了五届由莆田市人民政府举办的南少林武术节，在武术节盛会上，我们组织了莆田各门派武林高手同台展示各门派的绝技，有86岁的老拳师，有15岁的后起之秀，大家抛弃门派之见，互相学习、共同提高。我们协会五届共有500多人次参加武术节，每届都有新亮点被新闻媒体追踪报道。

（四）挖掘、整理、撰书南少林武术是历史使命

1.1992年9月，经福建省人民政府批准，莆田市人民政府在北京人民大会堂宣布"林泉院遗址即南少林寺遗址，并决定重建莆田九莲山南少林寺。"但是已经过去25年了，只有规划蓝图，还没有大规模的资金投入，流传在莆田民间的南少林武术历史渊源、传承脉

络、技法特点、拳谱、拳种、器械等已经面临失传的境况，从现状看，莆田民间拳师的年龄不断增大，有的已经去世，许多拳种拳谱也已经失传，有的拳种有人会练，但是缺失拳谱记载。所以本届协会组织人马，通过走访老拳师，以调研、座谈、会诊等形式深入了解、整理莆田南少林拳种。组织发动著名拳师，自己动手整理自己所学的拳种、拳谱、练功方法等。多形式多方面深入展开调研。已初见成效。

2. 南少林武术的挖掘整理和传承工作，已经是时不待人，如不及时抢救、整理和传承，就将会面临失传。经过我们多年的辛勤劳动，现在已有11个拳种被市政府公布为"市级非物质文化遗产"。福建省人民政府授予莆田南少林武术为第四批"福建省非物质文化遗产名录"。这些成绩是本届协会的巨大成果。

3. 协会正在组织撰写《莆田南少林武术拳械录》一书，编撰成书，作为历史资料，留给后人。这项工作是系统工程，要组织武术界名人、传承人、著名拳师、历史文学人士，要有文才又会武术的热心人士任主编。书的内容要求其真实性、历史性、价值性、可比性、传承性。这本书争取今年底出版，以弥补莆田市和福建省武术历史的缺陷，为中华传统武术文化留下宝贵的财产。

（五）交流展示以武会友、海纳百川广结善缘

本届协会非常重视与兄弟协会的友好往来，积极参加各种交流展示活动，先后接待了温州鹿城武术协会一行30人，意大利伟松武术馆、意大利威尼斯武术体育协会一行30人，厦门大学李仁松教授一行2人，集美大学副教授任向景和朱月明2人，中国体育报记者李雪颖一行4人，福建自然门体育文化传播有限公司梁守明一行9人，厦

门翔安武术协会林良菽一行6人。主宾各自进行表演并介绍了本门派的功夫概况,这种纯粹民间的功夫交流,更加能够增进友谊。我们还接受了福建省武术协会和福建省社会体育指导中心的邀请,在南少林寺和南少林寺武僧团同台表演献艺。我们接待了巴基斯坦纺织班一行26人,阿拉伯语国家城市化国际化专题研修班18人,俄语国家城

2011年6月10日
海峡都市报报道

海峡都市报记者
许爱琼　马俊杰

市国际化专题研修班10人，发展中国家人力资源官员研修班及非洲国家民间组织能力建设研修班一行150人。我们还接受了南少林寺的邀请，参加首届和第二届的"南少林寺禅武文化节"的武术表演，以及"福建莆田南少林武术发展座谈会"。洪光荣有幸被聘为"南少林寺武术指导"并且传授"莆田白鹤拳"给予四位武僧。又受空性大和尚委托，洪光荣参加了"福建省南少林武术促进会"的筹划，并且是创会人之一。本协会2人参加了莆田市政协在南少林寺举办的"提升南少林文化旅游品牌"的调研。协会100多人参加亚洲体操锦标赛的宣传片拍摄。协会8人参加电视剧《中华小子》的拍摄。第五届海峡论坛、妈祖文化周，协会18人赴湄洲岛与台湾同胞同台表演。参加了"莆田南少林环球功夫赛"的筹划。协会28人参加了"莆田市非物质文化遗产舞台精品晚会"的武术表演。协会还举办了三期"武术健身论文"的征集活动，一共有63篇论文。参加投稿的有养生界专

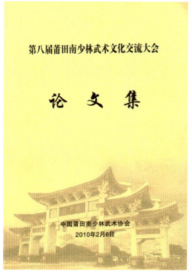

家,大学教授,体校中高级职称教练,民间著名拳师、僧、尼等各界人士,大家以南少林文化为纽带,探索南少林武学的禅修拳理,弘扬南少林武术的历史渊源,本着"功不分高低,能健身则优"的豁达思想境界,把各自门派的健身养生经验和传统武术功法,毫无保留地贡献出未,提升了南少林武术文化品位,为全民健身献上了一份诚挚的爱心。

二、莆田南少林寺

莆田南少林寺前身为"林泉院",位于荔城区西天尾镇林山村,周围有九座山峰围成一圈,形如九瓣莲花,南少林寺正好坐落在花心的位置上,因此叫九莲山少林寺,世称南少林寺。

20世纪90年代之前还湮没在历史长河中的南少林,到今天已是举世皆知。1991年的一份南少林寺遗址论证结论为我们揭开了南少林的千年印记。这是一份由著名武术教育家习云太、历史学者秦宝琦等为代表的三十余位来自北京、河南、四川、广东、甘肃、广西、福建等地的武术、历史、考古、宗教等学术界的专家出具的南少林寺遗址论证结论,基本判定林山村林泉院即武术界通称的闽中少林寺,即南少林寺。

该寺始建于南朝陈永定元年(557年),至迟于北宋中叶仁宗嘉祐年间,此寺业已形成很盛的武风,成为我国东南武术活动的重要中心。

据福建省考古队发掘出来的塔碑,发现有"诸罗汉浴煎茶散"等石槽,可推断南少林寺种茶的历史最迟可追溯至北宋之前。北宋时南少林寺盛产茶叶有其特定的地理气候条件。南少林寺所在的林山村海拔500多米,雾浓露重,气候清凉,适宜种茶,是莆田主要的产茶区之一,至今尚有9000多亩荒废的梯级古茶园。南少林寺极盛时有茶园1000多亩。北宋时有名茶"林山云雾茶"(因山高、雾浓、露重而得名)定为贡品,年产数百担。关于"林山云雾茶",当地的老百姓还流传着"九驴十八顶(担)"的有趣传说。据说北宋时,林山的云雾茶是用九头驴驮上十八担茶叶,送往京都东京城(又称汴京、汴梁,今河南省开封市)的,这些驴平时是随便放养的,吃了谁家的庄稼都没人敢动它们,因为那些驴可是给皇帝背贡茶的"功勋驴"。

九莲山,九峰环绕,形似莲花开瓣　湄洲日报记者　蔡昊　拍摄

中国书法家协会委员、福建省书法家协会教育委员会副主任、
莆田市书法家协会主席余一石　字

　　根据发掘出土的陶瓷器、瓦片及各朝代的铜钱等得知，林泉院在唐、宋、元、明各个朝代有过多次修建。

　　到了清代，周谷城《中国通史》载：清康熙年间（1662—1722年）"莆田县九莲山少林寺中有勇武绝伦的寺僧百余人，为满人建了打击藏人之功，其势甚盛，满清疑忌，将寺焚毁，将僧杀戮"。寺僧中幸存下来的，就密谋扩大势力，力图报仇，这就是后来成立的"洪门"，也叫"天地会"。南少林寺旁有天地会的地道入口，名"红花亭"，因此，天地会又称"红花会"。后来，天地会又被清兵剿灭，南少林寺被焚毁。于是，南少林寺被历史湮没了。可是，林山村村民中仍世代流传着"五百僧造反"的民间故事，在发掘的遗址中也终于发现了南少林寺被火烧的有力证据。

　　地面火烧痕迹的发现，使南少林寺的发掘工作终于取得突破性的进展。也使这桩沉寂300多年的历史谜案终于真相大白。

　　1992年4月25日，莆田市人民政府在人民大会堂举行了新闻发布会，将南少林寺遗址研究成果公布于世。1998年12月，一座新的南少林寺在原址上重新建立起来。

千年古刹终于重见天日，南少林武术也重新发扬光大，名扬四海。而自发现和恢复南少林寺以来，南少林寺逐渐收回原庙产包括部分茶山，千年禅茶亦焕发勃勃生机。现有名优茶树老枞梅占、黄旦、黄观音、黄玫瑰、水仙、奇种等有机茶园数十亩。方丈空性大和尚亲自带领僧俗二众种茶、采茶，精心制作禅茶。

林春杰参加"中华小子"电视剧的拍摄（图为在教授"双锏"）

南少林寺主建筑群北侧平台上，有一座资福寺，建于清初南少林被毁之后不久，具体年代不可考。清初清兵攻打烧毁南少林寺时，有五位武僧杀出重围，幸免于难，其中两人流落泉州，一人流落永泰、一人流落仙游，还有一人隐姓埋名于福州长庆寺，后来当上方丈，他在当方丈期间，伺机指派弟子回泉山重建南少林寺，不敢沿用原名，故改为"资福寺"。清光绪二十四年（1898年，与戊戌变法同年），该寺由福州长庆寺（现在的西禅寺）方丈带领僧众和信众重修。资福寺坐北朝南，歇山式，二进深，一字形排开，中间为大雄宝殿，两边各隔一个天井，有厢房，天井的上下各有走廊与大雄宝殿相连。大殿前有山门,门前有上下两埕,均用黑砖铺就。大殿后墙有胡同与两边厢房相通。寺院原有直额"资福寺"被毁。"大雄宝殿"横匾在考古时只发现碎块,经拼凑后四个鎏金大字尚算完整,行书体,洒脱飘逸、龙飞凤舞。

资福寺旁有两块巨大的石板,都有2米多高、1米多宽、20多厘米厚,其中一块上刻"朝耕山陇云,暮钓西桥月。澄渚一闲人,林泉甘独拙。"取的是南宋朱熹"耕云钓月"的意境。

另一块石板上刻"僧继言造"。

资福寺的旁边有5口大石槽,是文物考古时挖掘出来的,最小的长1.2米,高0.5米;最大的长2.3米,宽1.1米,高1.3米。当地村民说以前有30多口,后来许多被开了去做门窗、石碑、小桥等用途了,现在仅剩5口。每口石槽都刻着许多文字,年代久远,日晒雨淋,许多文字已经模糊不清。其中一口石槽上沿,清楚地刻着"治平二年"。还有一口石槽上刻"嘉祐癸卯九月造。"历朝历代,有僧兵的,只有嵩山少林寺及其分寺。

南少林寺有一件镇寺之宝,就是天然的达摩璧。这是一块玉璧,打磨完了天然显现达摩祖师像,被南少林寺奉为镇寺之宝。清初清兵围攻南少林寺,火烧南少林三天三夜,只逃出去五个和尚,就是前五祖,其中有达宗和尚,他的舍利塔遗址就在林山村的塔西小山坡上。南少林的南拳由此广为传播和发扬,对南方数省和东南亚影响巨大。

火烧南少林之后,匆忙逃生的人,并未带走那块镇寺之宝。时光荏苒,到了1969年,一位香港人听师辈口口相传,南少林的达摩璧极有可能还在南少林遗址,他就悄悄地来到林山村,到处挖掘寻找,最后终于在2米多深的地下挖到了,他将达摩璧带到了香港。直到1992年,人民大会堂的新闻发布会公布了找到南少林寺的消息,并决定重修南少林寺,这位香港人又将这块达摩璧完好无损地归还给了南少林寺,现在放在莆田人民银行的保险柜里。

南少林寺后山,明朝以前叫"佛山",后来据说是朱元璋的三子、晋恭王朱棡，为避靖难之乱，逃至莆田九莲山，在南少林寺的寺西建了一个院子，隐居读书，就是"朱三读书院"，也叫"朱三太子庙"。后来，"佛山"也就改称"朱山"了，现名"祖山尾"。朱三太子庙经历了1603年莆田的8级大地震、清初的火烧南少林寺，至今仍大致完好。

祖山尾海拔642.4米，西部大舞寨600.2米，东部山头尾576.6米，南部斜仑595.5米，紫霄峰559米，南少林寺对面的巨岩"石面桶"（又叫卧佛山）576.6米。

南少林寺所在的九莲山林山村，至今仍保存大量与寺院有关的地名，如院前、院后、院口、塔里、塔西、放生池、练功埕、马槽等，更有与习武和僧兵有关的姑嫂营、南营、后营、尾营、将军庙、旗杆坪等。

南少林寺周围有下院苦竹寺、霞梧院、紫霄寺、九莲岩、飞石岩等，环绕着林泉院，形成洋洋大观的寺院群落，十方丛林的恢宏气势可见一斑。九莲山形似"观音坐莲"，祖山又形似大小两个弥勒菩萨，对门又有卧佛，左右有文殊菩萨的狮山和普贤菩萨的象山。远望可以看见三江入海口、九华山和壶公山。极目四周，层峦叠翠，青山环抱，山路溪流，水天一色，清风徐来，鸟弄枝头，白云朵朵如锦织，青草茸茸似缎铺。好一个"九莲山上逍遥客，南少林中自在僧！"

三、南少林武术节

为弘扬南少林禅武文化，1994年，莆田举办首届国际南少林武术文化节，开展系列活动，邀请国内外武术界人士来莆田表演比赛，至2015年已有五届。文化节主题鲜明，活动形式多样，参加武术表演比赛的选手数以千计，其中不乏在国际重大比赛中获得世界级冠军的人物，还有参加过2008年北京奥运会开幕式轰动全场的武术代表团也莅临会场，精彩献艺，他们的表演让现场观众大开眼界。各路英豪的交流大大丰富了武术文化的内容，提升了各自的技艺水平。

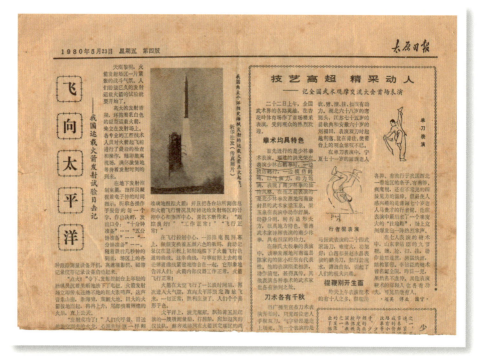

1980年太原日报刊登洪光荣表演白鹤拳

为传承南少林武术文化,以洪光荣为会长的莆田南少林武术协会做了大量工作,整理出南少林系列拳种72个,其中有源自莆田、传于莆田、突出体现莆田地方武术文化特色并已分别荣获省、市级政府公布的"三十六宝"传统拳术、"佛祖棍法"、五雷拳、青龙大刀、护院单刀、"韦驮拳、韦驮扁担"、老鹰披翅、猴拳、白鹤拳等代表性拳种。

"三十六宝"拳借鉴阴阳五行、经络学说和导引养生的理论,在演练时注重形、气、神的兼修,恰如师传口诀所云:形不正则气不顺、气不顺则意不宁、意不宁则神散乱,形乃神之宅,神为形之主;肢体运动时,形显示于外,而意识、神韵、力道贯注于动作之中,攻中带防,防中蕴攻。其套路招式敏捷清晰、低腿矮桩、步稳势烈、手法灵活多变、沉肩坠肘、上下相随、内外合一、气沉丹田、以气催力。该拳种具有鲜明的禅武合一特色,由人称"五八先生"的莆田萩芦人杨少奇传入民间。民国时城厢大户

2016年洪光荣给莆田南少林寺武僧释祖康传授双铁掌 林剑冰 拍摄

2017年洪光荣传授莆田白鹤拳弹抖发力要旨给南少林寺武僧 陈寿雨 拍摄

人家弟子兰少周师从杨少奇，学得此拳，转赴北平国术馆习练北派技法，武艺高超。20世纪60年代在莆田传授武技给洪光荣。洪光荣出生于武术、中医世家，基础扎实，勤心苦练，1975年参加全国第三届运动会，表演"三十六宝"套路，荣获全国南拳第八名；1995年，参加嵩山少林寺举办的"首届国际少林武术观摩大会"荣获大会最高奖。1980年代表中国武术团出访日本，获金杯一座。

洪光荣现为"中国武术七段",拥有"高级教练职称",被评为"国家级社会体育指导员",在多家CN类刊物刊登的论文有《浅谈莆田白鹤拳特点及健身养生体会》《少年规定长拳教法初探》《试述武术对练项目的训练》等五篇,分别在1998年和2007年应福建省体校及福建省体育局竞技训练处聘请,参与修订福建省武术散打、拳击、跆拳道三个运动专项的福建省青少年运动员科学选材及训练大纲。由于培养民间传统武术和竞技武术工作成绩突出,多次受到国家、省市级表彰。

莆田南少林"韦驮拳"为寺院护法拳种,拳理清晰缜密。其步法稳健、手法丰富、灵活多变、手至力发,防守多以圆转之形粘缠之劲,再辅以架撬之力,化防守为进攻,招式结合人体力学原理,技击性强、技巧性突出。用招时气沉丹田,以气催力,招式迅猛,攻势凌厉,攻防兼备,招术独特,既显灵捷之形,又富有阳刚之势。该拳种于民国初年由道乙师父传授,它含六个子拳套路,技击与演练融为一体,拳理缜密,手法丰富。陈玉樵作为"韦驮拳"的代表性传承人,参加了由中国武术协会主办的第二届海峡论坛传统武术交流大会,荣获金奖;2008年,陈术樵以"武术文化学者"的身份,在中央电视台四套拍摄的武术专辑系列片中阐释南拳文化。陈玉樵现为"中国武术六段",创作有长篇小说《南少林传奇》等,积极宣扬推广南少林禅武文化。

莆田南少林武术形式多样,内容丰富,深受民众喜爱。莆田武术界人士为宣传推广南少林武术文化,常携技参与海内外的武术交流活动,参加各类大型武术比赛,并取得优秀成绩,如协会副会长蔡永希多次在大赛中表演桂麟拳、金虎掌、佛祖棍法、双铁尺及对练等,获得金牌多枚;陈志勇飞鹤拳表演在嵩山少林寺举办的比赛中获得优秀奖;陈志荣的犀牛拳、扁担法等,多次获奖;郑瑞凿的拳械表演,包括老鹰披翅,都获过奖;还有朱圣熙、林敏东、姚玉棋、王清渊、林国森、林春杰、陈绍俊、唐家辉、杨开鉴、吴锦春等几十人,均获过金奖,而何金明的家传"恤坪杖"风格独特,不仅在比赛中获奖,他本人也被龙华寺聘为武术教练,教众多比丘尼演练杖法。这些人还多次参与从中央到地方各级电视台武术节目的录制，为传播民族文化做出了贡献。

莆田南少林寺的发现、挖掘考古论证，新闻发布会等系列工作，时任莆田市体委主任、福建省武协副主席、莆田南少林研究会长林德荣和时任中国体育报江西记者站站长、中国武术协会新闻委员会委员、福建省武协顾问方金辉高级记者，他们两位成绩卓越，受到莆田市人民政府记功一次的表彰。陈嘉荣老师执笔编辑《南少林研究动态》，认真负责，获得好评。

部分会员获奖奖章和奖状

2011年福建省人民政府授予莆田南少林武术协会"第四批福建省非物质文化遗产"牌匾

2010年莆田市人民政府公布南少林"韦驮拳"传统拳术为"第三批莆田市非物质文化遗产"

2009年莆田市人民政府公布南少林"三十六宝"传统拳术为"第二批莆田市非物质文化遗产"

1958年7月莆田老拳师高灿星、陈子宏、戴良鸿、黄飞鹏、李金飞、高美水等参加首届省武术比赛获奖

1992年10月,94岁高龄的兰少周师傅参加莆田南少林武术大汇赛,并上场表演了"莆田白鹤拳"

2017年11月9日在莆田南少林寺洪光荣赠送率团来访的日本冲绳山川哲男课长禅武字画　源自:海峡都市报　记者:林养东

1980年7月洪光荣代表中国武术团出访日本，荣获"金杯"一座

1995年4月洪光荣参加在河南嵩山少林寺举办的"首届国际少林武术观摩交流大会"荣获"金奖"

2010年10月在福建省第十四届运动会开幕式上，莆田南少林武术协会精英公益表演：洪光荣（中）、林志平、黄丽芳、林春杰、蔡永希、陈玉樵、姚玉棋、王清渊、杨镇志等

2007年莆田市武术协会换届选举大会，经过投票洪光荣（前排左第二位）连任会长

2009年莆田南少林武术协会林志平（左一）、林锦华（左二）、洪光荣（中）、林春杰（右二）、王清生（右一）5人参加中国台北武术节华人传统武术交流大赛

2015年洪光荣（后排中）组织民间拳师在南少林寺和武僧团为来访的外宾展演南少林武术

1991年洪光荣一家三人在新加坡表演的剧照

1991年洪光荣一家三人在新加坡和冠军教练曾乃梁（左二）以及世界太极拳锦标赛冠军陈思坦（右一）合影留念

1983年洪光荣被授予全国千名优秀武术辅导员称号

2016年12月19日莆田南少林寺聘任洪光荣为该寺武术指导

2000年洪光荣被授予全国青少年体育工作先进工作者

1996年洪光荣被授予全国业余体育训练先进工作者

2018.11.11洪光荣在福建省首届非物质文化遗产武术(国家级 省级)展示交流大会上表演"三十六宝"拳获展演优秀奖颁奖现场

2019年2月,厦门罗汉山莲花书院院长、中国书法家协会会员林志良(中)题词勉励洪光荣(右)、王群(左)

莆田市人民政府共举办五届中国(莆田)南少林武术节简介

1.1994年举办了"首届中国莆田国际南少林武术节"
2.2001年举办了"福建南少林武术文化旅游节(莆田)"
3.2009年举办了"第三届中国(莆田)南少林武术文化节"
4.2012年举办了"第四届中国(莆田)南少林武术文化节"
5.2015年举办了"第五届中国(莆田)南少林武术文化节"

在历届武术节大会上莆田南少林武术协会都选派出100多人参加展演或比赛。在1994年的首届武术节大会上,洪光荣亲自传授80名的"青龙大刀"队以及200名的"护院单刀"队先后上台展演,吴鹤表演了汽车过身,徒弟姚玉棋表演了"罗汉撞钟"。南少林特有器械"椅条拳"也展现在大会现场,获得中外来宾和有关领导的赞扬。

2012年的武术节在南少林寺门口搭台演出,洪光荣亲自上场展演了非遗拳术"三十六宝"传统拳术,另有协会80人分别表演了:五雷拳、佛祖棍法、护院单刀、青龙大刀、双锏、双铁尺、三十六宝拳对练、韦驮拳、扁担法、老鹰披翅拳、盾牌刀进棍对练、双铁尺进棍、白鹤拳、太极拳、剑，福建省武术运动管理中心戴林彬主任带领12名全省武术精英助兴表演了集体武术，令现场6000多名中外观众大饱眼福，掌声、赞美之声不断。

2015年的武术节开幕式在莆田市体育中心举行，本届武术节首次增添了武术比赛，共有14支代表队186人与会参加，少林寺国际武术学院选派18名队员参加，南、北少林同台切磋交流成为赛会亮点。广东、深圳、湖南、福州、厦门、龙岩等省、地市也派员参加。莆田南少林武术协会荣获七个全能一等奖。

特别有意义的是在2010年福建省第十四届省运会开幕式上，洪光荣、林春杰训练的1600人展示的三十六宝传统拳团体操，威武雄壮，气势磅礴，得到万名观众的赞扬和鼓掌。

南少林武术文化的开放性不仅表现在它乐于引进外来优秀文化，还表现在它勇于走出去。莆田沿海埭头镇的陈光强于1961年考入上海体育学院武术系，由武术界名师蔡龙云传授其长拳、刀、枪、剑、棍及对练等，许金明则传授给他南拳。1966年他被安排到陕西省体工队任武术队领队，后来调动工作回家乡莆田，1973年受福建省体委的委托，在莆田选拔福建省武术队运动员进行集训，参加第三届全国运动会，当时入选的有莆田洪光荣（南拳）、福州高亚（长拳）、晋江庄昔聪和厦门施载煌、孙庆，他们都在全运会上获得名次。

陈光强1976年后接受省体委主任李威交付的任务，在莆田组建了两批武术队员进行训练。

在对中华武术文化的宣传推广和总结方面，来自涵江的胡金焕老师身体力行，积极贡献。他原为福建师范大学武术教授，于2017年

陈光强和莆田第一批武术班队员

1977年吴锵（现任集美体院副教授、拳击国际级裁判）的"旋子"

戴林彬（现任福建省武术运动管理中心主任、国家级教练）和启蒙老师陈光强合影

20世纪70年代陈光强演练枪术

被评为"中国武术九段",曾和孙崇雄、阮宝翔合作,三人共编写出版了多本武术书籍;1982年出版《鹤拳》一书。自1980年至今,多次担任福建省武术比赛总裁判长、仲裁主任等职,也多次带领福建武术队参加全国武术比赛。如今他已有八十多岁高龄,还从事太极拳剑的教学培训工作,并且创立了福建华夏武术发展中心,不辞劳累,亲自担任主任,其学生遍及全世界。

尤值一提的是戴林彬,任职福建省武术运动管理中心主任,国家级教练,曾在国家武术集训队担任总教练,培养出多名世界级武术冠军,曾被任命为国家武术套路集训队训练组组长,2017年中央电视台春节晚会上他们指导训练八十名世锦赛、亚锦赛及全运会冠军的大满贯选手集体表演了武术节目《中国骄傲》,同年9月,由中国国家体育总局与国际武术联合会发起的以"和谐、健康、共享"为主题的中国武术队出访美国,他作为教练,指导25名国内最顶尖的武术选手,在联合国总部、纽约时报广场中心及纽约市政厅等进行大型的中华武术表演,其精彩表演备受欢迎。而这些选手当中包括了莆田籍男运动员陈洲理和女运动员庄莹莹,其中,陈洲理在第13届全国运动会上夺得男子太极拳剑全能冠军,实现了职业生涯的大满贯。

而在全国及世界的顶级武术赛事中,莆田籍的武术运动员表现突出,他们获得的冠军高达百余人次。

作为宝贵的地方文化,南少林武术以其独特的风格、深刻的内蕴引起社会的关注。莆田南少林武术协会的选手在多个大型武术比赛中以别具一格的拳械技艺夺金获奖,赢得了武术界人士的高度赞扬,同时他们也踊跃参与社会活动,和武术界人士一道,宣传推广南少林文化,为传承祖国的优秀文化传统做出了积极贡献。

林敏东演练"韦驮拳"

林敏东演练"韦驮扁担"

蔡永希、姚玉棋双铁尺对佛祖棍

2017年蔡永希、姚玉棋"三十六宝"拳对练

1994年原亚洲武联主席徐才，原中国武术院院长、中国武协主席张耀庭来莆田南少林参观、指导后合影留念（右第3位为洪光荣）

2008年5月CCTV-4编导宁楠、梁钢一行来莆田南少林武术协会采访洪光荣的"莆田白鹤拳"后,编辑了"鹤影禅踪"的专题片,在国内外黄金时段播放,影响极大。前排左依次是洪光荣、余玉霖、宁楠、何金民、蔡永希

1986年洪光荣(后排左第三位)担任福建省散打比赛大会裁判工作

洪光荣(后排左第四位)担任第一届国际太极拳邀请赛暨第五届中日太极拳交流比赛大会裁判工作

1991年3月 亚洲武联主席、中华全国体育总会副主席徐才和省、市、县有关领导观看莆田市第二届南少林拳大汇赛后与运动员等合影留念（后排右第四位为洪光荣）

洪光荣徒弟姚玉棋、王清渊、杨镇志2010年在泉州参加第四届南少林华夏武术大赛，三人共获6金、6银、5铜的好成绩

2012年6月8日莆田南少林武术协会参加非物质文化遗产精品晚会 手持大刀者：洪光荣

洪光荣徒弟在各级赛事中获奖

中国书法家协会委员、福建省书法家协会教育委员会副主任、莆田市书法家协会主席余一石题词字画勉励洪光荣

经过20年挖掘，流传在莆田民间的南少林系列拳械有72套。

1.三十六宝 传统拳术	2.三十六宝拳对练	3.佛祖棍法
4.桂麟拳	5.韦驮拳	6.青龙大刀
7.五雷拳	8.护院单刀	9.莆田白鹤拳
10.五行乩手	11.扁担法	12.老鹰披翅拳
13.鸣鹤二十八宿	14.犀牛拳	15.三战拳
16.御林军长刀法	17.盾牌刀法	18.双锏
19.双铁尺	20.朴刀	21.月牙铲
22.钢钗法	23.剑法	24.韦驮扁担
25.双拐	26.九节鞭	27.三节棍
28.链枷棍法	29.九环刀	30.竹节双钢鞭
31.大砍刀	32.钩镰枪	33.六步挑拳
34.双斧	35.双锤	36.子门罗汉拳
37.恤坪杖法	38.食鹤拳	39.筋筑拳
40.金虎掌拳	41.贴身靠打	42.卸骨术
43.擒拿法	44.宿鹤拳	45.排打功法
46.养生功法	47.猴拳	48.四门棍法
49.达摩杖	50.椅条拳(板凳法)	51.撩手拳
52.飞鹤拳	53.大枪法	54.罗汉拳
55.摔法	56.铁头功法	57.铁砂掌
58.飞镖飞钉飞爪飞弹法	59.滚趟双刀	60.四门拳
61.三节棍进盾牌刀	62.三节棍进枪	63.朴刀进枪
64.双铁尺进棍	65.鹤翅双刀	66.金刚锏
67.两刃三尖刀	68.五技拳	69.鸡法拳
70.霞苑苦溪拳	71.伏虎拳	72.六形九法拳

第三章 南少林武术流派

莆田位于福建沿海中部，陈光大二年（568年）设县，宋代时置兴化军，故史称"兴化"，下辖莆田、仙游两地，雅称"莆阳"，自唐开科举以来，出过二千余名进士，二十余名状元，有"文献名邦、海滨邹鲁"之美誉。兴化子民既崇文又尚武，而北宋时莆田的薛奕成为莆田史上第一位武状元，这块文化底蕴深厚的大地上，孕育了博大精深的南少林武术文化，自近代以来，这里武术流派纷纭，有兼容有并蓄，相对并立而不对立，由此促进了各流派的健康发展。

第一节

"五八"门派

"五八"门派源于杨少奇创立门派，因杨少奇排行五十八而得名。民间又称为北河派。

1. 源流

萩芦林美村杨兆桂，初学拳法多门，后学囊山寺桂林师派之继林拳，技艺猛进。

桂林师本少林寺派，其拳原名"继林"，意即"继承南少林"，只因南少林寺一度成为反清复明义士聚居之处，清廷大忌，派兵焚寺戮僧，为避朝廷之讳，就取莆田方言谐音"桂林"以代之。

杨兆桂最后又随福清东岸人陈雀师学撩手拳，该拳种劲力半刚半软，拳仅十余步，演练起来却很吃力。雀师系其母舅万师传授，学得其一生所积精微奥妙之手法。兆桂事师如事父，尽得其法。兆桂长子应奇有握掌穿拳之指力，往福州一带教拳行医，遇一跛道士号三脚虎，见其手不成拳，足不成步，但擅长飞鹤拳，能迅速扑人，询问其来源，云得自万师，才知道原系同派，于是互相交换拳法，应奇从此其劲变软，回莆田传其弟杨少奇。

杨少奇，莆田"五八"拳术流派创始人，生于1880年，卒于1942年，享年62岁，莆田市涵江区萩芦镇林美村人，当地人称"南拳祖师"，在杨氏那一辈表字育辈中排行第五十八，故有"五八育"之称，因其念过私塾，断文识字，大家又称他为"五八先生"。

杨少奇自幼聪明过人，深受父辈疼爱，所以父亲把家传武功悉数传授给他，后又由其兄教其飞鹤拳。他精研拳理，阐发透彻，拳艺突飞猛进。

后来，杨少奇在福州新街口开了一间骨伤科诊疗铺。一日，一和尚在店门口街上卖艺，杨少奇一看他表演的鹤拳，便知其功夫不凡，于是请进药铺。一经交谈，相见恨晚，爱好武术的杨少奇当即留他住下。和尚感其收留之恩，即收他为徒，并告明自己是流落民间的南少林武僧和林，练的是南少林武术。

杨少奇原就功底扎实，再加上武僧和林的悉心传授，武功更深，技艺更全，但他不满足于现状，不断完善创新，根据人体生理结构特点及穴位十二时理论，结合五行辩证原理，创立了独树一帜的武术流派"五八"拳派。他独创的五行乱手更是别具一格，甚得行家赞誉。

2.传承及分布

（1）家传体系　　杨少奇育有三子：长子杨祖勉，次子杨祖法，三子杨祖勋。祖勉、祖法年轻时随父教徒，三子祖勋幼年夭折。后祖法被国民党征兵去打仗，一去不复返。新中国成立后，祖勉在家族中业余传授武术，弟子多为杨家子弟。

杨祖勉族侄杨金龙（1941年生），随祖勉勤学苦练，尽得祖传武术精髓，出师后到处授艺谋生，所以"五八"拳派武术在萩芦镇、梧塘镇、江口镇一带广为流传。

李良彪（1962年生）少年时在莆田县少体校少年武术班练习国家武术比赛套路，成年后拜杨金龙为师，习练"五八"派系拳术，表演与技击相结合，多次在莆田市和福建省武术比赛中获奖。

（2）师传体系　20世纪三四十年代，杨少奇传授的众多徒弟中，出了几位名震江湖的拳师，如：兰少周（户籍名兰钊，畲族，1898—1992），技艺全面，授徒认真；林庄（1906—1984），择徒严格，深入浅出；陈子宏（1895—1978），武艺高强，德高望重；郑子（梓）明（1899—1981），城厢龙坡社人，曾赴上海学习八卦掌、太极拳，于技艺上精益求精，将鹤拳创新为武龙太极拳，融飞、鸣、宿、食于一体，风格独特，其八卦掌、太极拳、武龙鹤拳，被称为子明"三宝"；高灿星（生卒年不详），城厢人，为杨少奇高徒，其技击术独占鳌头，新中国成立后参加福建省武术比赛，夺得第2名。

二十世纪六七十年代，几位老拳师将"五八"拳派武术传授给新一代拳术爱好者，使莆田南少林武术得以发扬光大，他们分别是：

1）兰少周，城厢后塘人，拜杨少奇为师习得南少林功夫后，于民国时期，前往北平国术馆继续深造。同时他博采众学，将各地不同派别的一些拳术特点融入莆田南少林拳中，对莆田南少林武术的发展起了积极的作用。

兰少周在莆田收下的门下徒弟有林志良、洪光荣、宋元明、洪光华等，蔡永希、朱圣熙、郑立园等人后来也上门请教，另有一些来自其他拳派的武学后进也慕名前来求教；兰师父所练拳种甚多，有南少林莆田白鹤拳、三十六宝、撩手、半撩、桂麟拳、乩手、三战、猴拳、罗汉拳等，器械有棍、枪、刀、剑、扁担、双铁尺、双锏、三节棍、九节鞭、椅条拳、对练等等。兰少周所带的众多徒弟中成绩最突出者为洪光荣，洪光荣曾多次在全国性比赛中夺金获冠，并多次出访表演，为中国武术七段。洪光荣为教练，他培养出多位武术技击高手，获得诸多荣誉。近年来，洪光荣又亲身示范，为莆田南少林寺武僧传授莆田传统南拳。为传承莆田南少林武术文化，洪光荣将平生所学都传给儿子吴鹤（运动健将），还亲授武技给郑建武、王文龙、姚玉棋、吴晨燕、陈绍俊等徒弟，又将部分拳械套路及武功传授给王清渊、吴敏、林春杰、陈凯、杨镇志、刘乘杭、唐家辉、张达楠、张熙、林国森、张华仙、张振华、李尧等人，这些弟子中，有多人多次在各类大型武术比赛中获奖，成绩优异。洪光荣现从莆田市少体校校长任上退休，任莆田南少林武术协会会长，继续积极推广宣传南少林武术文化。

2）林庄，莆田县城内英龙街东山巷人。1926年期间，林庄到杨少奇在莆田城里北河开设的武馆学练莆田南少林拳。1930年后，林庄在其岳父家城内文献街金桥巷开设林庄武馆，传授徒弟，后来，又将拳术传给长子林玉树（1930—2013）。1967年起，林庄在城内大路街开设中药铺兼治风伤骨伤。当时蔡永希、林国强、陈光明、朱圣熙、宋元铭等五人慕名而至，向林庄、林玉树父子学练莆田南少林武术，成为20世纪70年代在莆田武术界声名显赫的"五虎"。其中蔡永希于1972年在莆田白云林场当护林员时，又向当地拳师郑金亮学练拳术，深得青睐，因而代之授徒；后来还在福建永安市、清流县及明溪等地授徒。蔡永希与林玉树一道，于1997年被莆田高等专科学校（现为莆田学院）体育系特聘为保安专业武术教练，2002年获福建省武术院授予民间拳师奖状。2006年，蔡永希被评为"福建省武术先进个人"。

3）陈子宏，莆田市涵江区人，青少年时代习武于南少林著名拳术大师杨少奇门下，五载艺成，精通飞鹤拳、撩手拳、桂麟拳及少林杖等传统拳械武功，同时兼习中医骨伤科于著名中医师连捷标和正骨名医李可信，学成后教拳行医于莆仙一带。29岁时往上海精武体育会研究南北拳术之异同，回涵江后与李可信先生发起组织精武体育分会，1926年又前往上海，在兴安会馆教习国术。1927年在杭州参与修葺位于西湖智果寺旁的南宋抗元民族英雄陈文龙祠墓，任办事处主任，并兼任浙江省全闽会馆常委及福莆会馆董事。1934年春旅居南洋新加坡，次年居麻坡教拳，并往来于马来亚各埠教拳行医。因其道德高尚，武艺精湛，所到之处深受各埠侨胞欢迎，凡侨团举行大规模游艺会时，辄请其参加国术表演，故名震各埠侨界，爱好国术者多从而师之。抗战期间，为了支援祖国的抗日，著名爱国侨领陈嘉庚先生在南洋设立了筹赈会，陈子宏当时居于新加坡，即应邀参加筹赈会工作，并担任麻坡自由车商会筹款员，成为陈嘉庚的得力助手，为抗日救国做出了突出贡献。1946年秋，陈子宏回国定居，先后在涵江华侨服务社、华侨联谊会任职，同时在涵江联合诊所正骨伤科任职业医师，边治病救人，边研究国术。1958年虽年逾花甲，仍被邀请代表莆田县参加福建省武术运动大会比赛，获得了拳术表演项目第四名（全省）的好成绩。1959年，莆田重修县志，他伏案挥毫，为县志体育部分的武术项目撰写莆田拳术概况，74岁时撰辑《拳术汇篇》一书。

陈子宏将拳械武艺传给孙子陈志勇（从涵江区科技局任上退休），陈志勇曾携技前赴嵩山参加武术比赛，表演的飞鹤拳荣获优秀奖。2008年参加央视四套走遍中国栏目"鹤影禅踪"的拍摄。

陈子宏孙陈志勇在"鹤影禅踪"拍摄的飞鹤拳照片

拳術彙編

桂林拳

桂林拳系有桂林寺桂林師，師排揚子衡雲山寺，傳蔡堂教師，弟子有糧桂。

學者多，惟吾師楊少峰之父維桂，得其佳之奇技，拳法堅進退有如，搖轉活潑，綻的龍虎融諸形意，拳肉象手卵齊整，肘齊腿形。

重腿、腿足輪轉，腸之法，集北派南宗之精華，共三十六步，俗名三步大、富落朱四面腿絡一氣，非江湖等之花拳，續紙所比擬也。

搖子拳

搖子拳由桂東岸陳師為林師生敏技，惟有一套敏拳僅十餘式，其步林之精粹，演時落身進骨，有手提千斤座下之勢，左右手長短分明，一拳一踢是名陽覆手力陰，手肩吊脈，推拳進骨，由馬步之承轉足欽，獨膊單守，搖扳吻入，當膊勝乃俱偽蛟之扳搓得力，膝跳之承得吳敏，獨膊單守，搖扳吻入，當膊勝乃

桂林拳

又名搓枝拳　增訂者夏子宮

一九四七年六月廿七日有田陳子宮認手馬天金全福建合館

庭之金勁隨建見習技於遊長江，於蔡源沙中國拳術，南於南北二派南派舉法緊敬示警繁於手法細敏，致不易承謂之趣打，非派多長拳內有二義。

南拳肉拳雞之力，長南不斷者，赤田長拳、吳云南宗拳非派，為拳長乃古能按技續連貫，長南不斷者，赤田長拳、吳云南宗拳非派，為拳長乃古能按技。

一派之拳訓下可保身，上可保國，奈之何此視戒遠國村，欲練吾民體，保我國家，光滄注重國政方能副拳歧之使腿，條嚴者乙體所，所謂精神使徒匙強方有處之古盡興步承

桂林拳表演　俗稱五十六寶

擬徐、迎關飛腳、集敏如名骨，身手合，演來似免戊孕之省八可參合。准以實傳營童入室者家子，表演和譜佳，熱非敏致夫下於，該拳有別調生南之功致、時術生保健壯孕更牛身，相突蓋骸治身免天不尽神佐哀豹，及心肺胃腸等病，助產野之所及，及蓋漢道家導引呼吸之法，圣明驚之當，不必廣地，即手望敏式內勁可遠用，蓋庭房中床上早起眠睡，戲作一翁鳴，帝友有盖養身之語也。

桂林拳像東剛半象的拳術，手足相屈，身倚扳轉，四面腿絡，光着壁腰，快搓法，成圓半徑形，其精橫明折沉着活潑，致桂林拳以腿腳獨步善名。

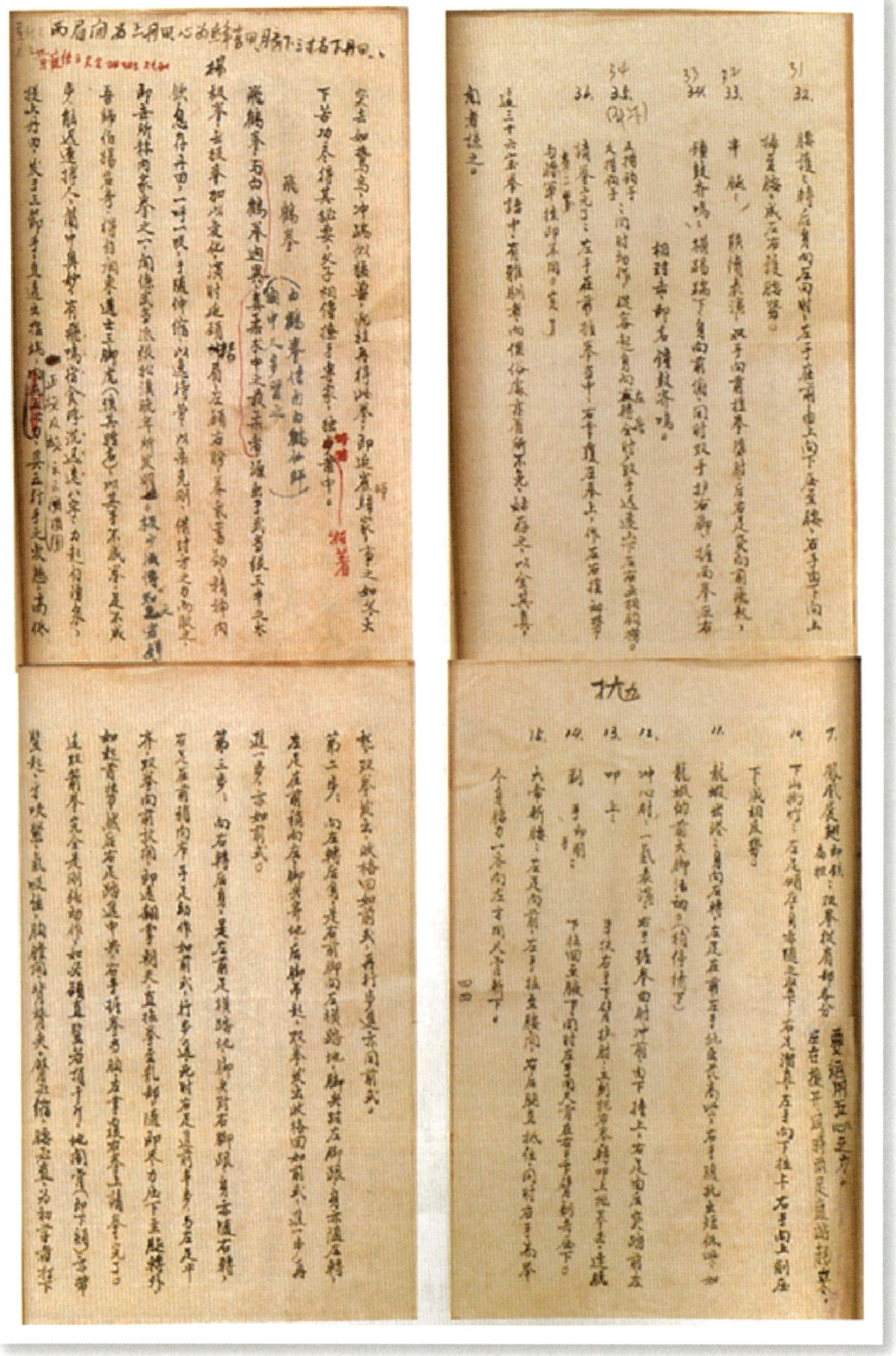

(This page shows a handwritten Chinese manuscript about 莆田南少林武术 / Southern Shaolin martial arts. The text is handwritten in cursive Chinese characters arranged in four panels, difficult to OCR reliably. A best-effort partial transcription follows.)

【右上panel】
9. 鳳尾反翅卸桩：……居右護于成頭投肩部各拾…… 下身躬行，右膝屈身常微之势，右足滑落左方向向上……

10. 蝦蚣出洞：身向右傾，左足在前之中…… 手放右……

11. 龍娘含雪俯法动：(稍停停了)
…… 下挂固右膝，二月向時右……

12. 冲心腿：一臣表演……

13. 拔叶上

14. 劉手卦閉

15. 大舍所陝：左足阔亭右……

拉五

【左上panel】
兩眉角舌上折如心痛絲肯四肢下舍無下肢下肢同。

突出如鶯鳥，冲路如狼星，挑拉有待以果，即此為樣裳爭之如若之……
下苦功奉作要，失子胡傳後之東來，然有中。 湖著

飛鶴拳歌曰：
飛鶴拳五白鶴拳以果……
鶴拳乙技拳和，如若之演技……
飲急急呼千田一一取二曉伸仞，應仰演伎以達……
即至所括内呆有。 湘素之一南廣茂。演技于廣中實狼呆當……
吾師俗楊君中，真遇大框続……
拉大升田。長日吊御，真遇大框続。

【右下panel】
31. 33
32. 排此
33.
34. (肘)

……三十六寶者話中有雅眺答句……

長拜行身向有滑向左即旁桶雙千廣庭兩前肩右手向上滑上……

……右肱—— 槓描舞濤,掃腿端跳,身向右肩向右扇高挙盡看,

……相對立即名情敦奉鳴。

【左下panel】
長拜拳完全是前即動作，如吳宽千地闘道跋。……

第三先，右足後跟踢在即起彈足，双手掌击拾起再跟至……

第二先，向左轉身起身面向前尖。右足在前對于後腳……

長狄拳寬是成拾回如賞天，再打身連完向前先。

拳双身向前技的即道翻掌打肩向下，後即右足，再……

如夜育哲拳許肩左右跳起許跳即走即步，地闘跳覺步……

雙挑、千吹熊、戲吸推、胸膛拝、腰打髀、抱骨即。

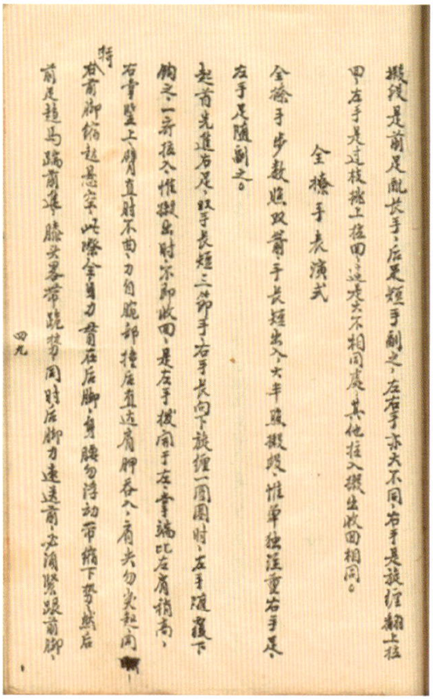

拨段是前足配长手，后足短手副之，左右手亦大不同，右手是旋缠翻上拦甲，左手是过枝挑上拦田，进退大不相同处，其他拦入拨出收回相同。

全捺手表演式

全捺手步数照双箭手长短出入，大牛致拨段，惟单独注重右手足，左手足随副之。

起首先进右足，双手长短三节手，右手长向下旋缠一圈圈时，左手随覆下胸之一齐拦入，惟拨出时，亦即收回，是左手披开手左，右掌端比左肩稍高，右掌竖上，臂直肘不曲，力自腕部撞在直达肩胛吞入，肩尖勿尖起，两（将）右前脚缩起悬空，此际全身力贯在后脚，身腰勿浮动而缩下势，然后前足趋马踹前进，膝头略带跪势，同时后脚力速送前，必须紧跟前脚，

四九

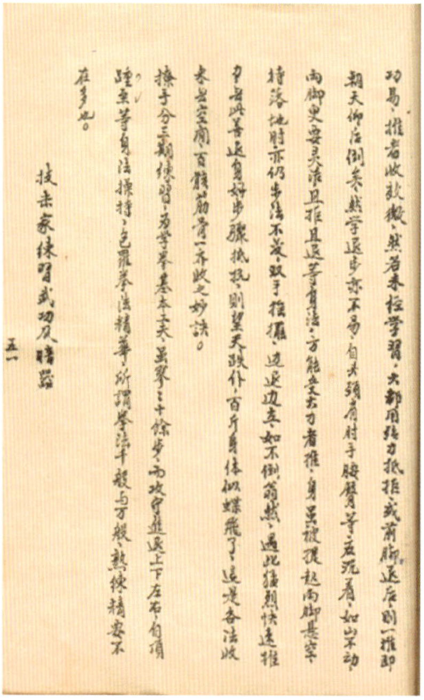

功易，推者收放撤，然若未经学习，大都用强力抵推，或前脚，退后则一推即朝天仰后倒矣，然学退步亦不易，自头颈肩肘手腰臂等，应死着，如山不动，两脚更要灵活且推且退等身法，方能卸去力者推，身虽被提起两脚悬空，持落地时亦仍步法不乱，双手拦摄，进退边来，如不倒翁然，遇此猛烈快速推力，若与善退身好步腿执執，则望天跌仆，百斤身体似蝶飞了，这是各法收束当空时，百骸筋骨一齐收之妙诀。

捺手分三期练习，为学拳基本工夫，虽聚三十余步，而攻守进退上下左右，自须踵来等身法操持，已罗拳法精华，所谓拳法千般与万般，熟练精要不在多也。

技击家练习武功及精蕴

五一

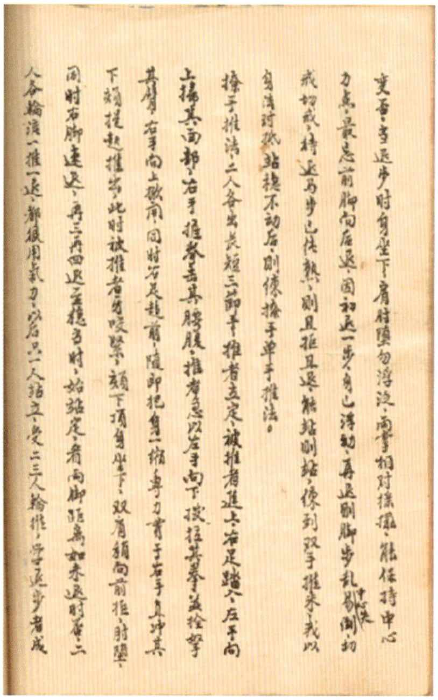

变重，当退步时身坐下，肩肘须勿浮泛，两掌相对拦摄，能保持中心力点，最忌前脚向后退，因初退一步，身已浮动，再退则脚步乱（中心失）倒，切戒切戒，待退步步已法熟，则且推且退，能站则站，倘到双手推来，我以身法对抗，站稳不动后，则练捺手单手推法。

捺手推法，二人各出长短三节手，推者立定，被推者进上，右足踏入，左手向上搭其面部，右手推拳击其腰肢，推者急以左手向下按拦其拳并拴擎其臂，右手向上掀开，同时右足趋前，随即把身一缩，身力贯于右手直冲其下颏提起推出，此时被推者牙咬紧，颏下顶身坐下，双肩颊向前推，肘坠，同时右脚速退，再三再四退至稳当时，始站定看两脚距离，如未退时，第二人各轮流一推一退，都很用气力，以后只一人站立，受二三人轮推，学退步者成

陈志勇提供陈子宏撰辑《拳术汇篇》一书部分复印件及照片

第二节

"瞎子添"门派

"瞎子添"门派民间称为南河派,"瞎子添"承袭灵川拳师蔡灼哥拳术,因徒弟众多,形成一个门派。

1. 源流

清康熙五十八年,官兵火烧南少林寺,只有极少数武僧突围而出,流落民间。莆田灵川镇东沙人蔡灼哥收留了一武僧,得其秘传,练成南少林功夫。

莆田新度锦墩人"瞎子添"拜于蔡灼哥门下,学得一身南少林武艺,先在城里"柯君堂"莆田国术馆任教练,后来自立门户,1928年起辞去教练之职,在凤山宫自立武馆教授徒弟。他以残疾之躯,立于好手如林的莆田武术界,其技艺之高超不言而喻。该门派的拳术在莆田仙游一带影响颇大,至今,被誉为南戏活化石的莆仙戏舞台上流行的武打动作还多采用"瞎子添"派的套路招数。

"瞎子添"本有一绝活,可惜失传。据其徒黄光兰所述,一日,瞎子添带众徒弟前往城外田尾一空旷处,准备教习"灼哥"派绝技凤拳。他先问弟子周围有无障碍,因为前方的铁丝网围墙远在百尺以外,众人以为无碍,便回话说四方宽阔前方无物。黄光兰时为首徒,也请师傅放心演练。瞎子添于是起势发功,不想两三个飞掠,便撞上铁丝网,身子弹到半空后再跌下地。他起身后甩光兰一巴掌,厉声训斥:"尔言前方无碍,今何来此网差点要命!"众徒皆惊,齐声认错、赔罪,但自此之后,瞎子添不再演示凤拳,转而教习"老鹰披翅"。

2.传承及分布

"瞎子添"弟子众多,名气较大者有黄光兰(即朴务兰,1910—1977年)、林明(1910—1980年)、林璧(1910—1994年)、陈树、燕四等;其中黄光兰、林明及林璧择徒授技,将本门派武技传于后人。

1)黄光兰先拜蔡灼哥为师,后由"瞎子添"代师授艺。1970年5月,何文水拜在门下,为其回乡后的首个徒弟。后来投拜门下的弟子中一部分由何文水代传,或直接由其授艺,如郑德海、林元珍、王海、魏国海、俞晓平、黄金霖、南门苏焕章、苏霖等。黄光兰亲授何文水的武术套路有:三战、一路撩手、犀牛、西门单双、五技、技手和套路对练,器械有单刀、四门及八卦扁担等。

1973年,受师父之托,何文水投后塘下井师伯林明处进修,并收下师伯的徒弟方俊鹏、曾国霖、郑世雄等人回家教习。林明为梅峰街五保户,因人长得矮,人称矮子明,授徒极其严厉,特别注重扎马和实战对练,教习时要求见面拆招,倒地不算输,爬起再战。他传授的"椅桥"练法及"矮郎拳"练法极其独特。

"椅桥"即家庭普通板凳,高约40厘米,长约1.1米,练习时,先立于椅桥前脚,向后倒穿过"桥",不得有半点粘连,整个身子穿过"椅桥"后挺身站立,两手倒提"椅桥"脚,开始起步。这一连串动作要求做得流畅,一气呵成。

而习练"矮郎拳"时,要站成丁字马,沉臀如深蹲,两腿间夹住一根长约30厘米的小木棍,同时于背胛骨处也夹上一根筷子,移步走动时木棍与筷子均不得掉落,之后双手平推,十指向上,吞蝉(喉结)吊肚(裆),舌顶上腭圆瞪双目,作"狮嘴麒麟目"状,十指收紧握拳,再化掌发劲,呼呼有声。

1974年节后,受林明之荐,何文水投马巷师叔林璧门下,先习太极推手,后习"老鹰披翅"。

此外，黄光兰还传技于后塘方俊鹏及林宜俊等人；这一代传人中的方俊鹏又传给南门吴炳回，何文水传给林元珍；第四代林元珍传至陈志荣，陈志荣曾多次以该门派所传拳械套路参加各类大型武术比赛，赢得金、银奖牌多枚。

2）林明外号"矮子明"，功力不凡，对徒弟要求极其严厉，特别重视桩功训练。20世纪60年代初，他传技于林岳军、林建军、林仁军三兄弟，人称"后塘三军"，林岳军功底扎实，技手硬朗，在城区武术界颇有名气；70年代中，收后塘陈振杰为徒。

3）林璧，城内马巷人，知识分子出身，教徒认真严谨，精通拳理，与其他拳种师父多有交往，擅长推手功夫。他对拳械的运用有着具体形象的理解，直言"器械只是手臂的接长"，把兵器当作自己身体的一部分，用起来得心应手。20世纪70年代末期，他收郑瑞凿为关门弟子。郑瑞凿学到多种拳械技艺，近年来，在各类大型武术比赛中屡获奖牌。

南少林拳术在莆田能得以健康发展，兼容并蓄是其中一大原因。如在"五八"门派中，师从林庄的蔡永希后又向兰少周学艺；又如"瞎子添"门

郭爱民在练"食鹤拳"

郭爱民在练"南刀"

派中的何文水,先是师从黄光兰,后又拜师伯林明和师叔林壁为师。而两大派间也有类似情况,如后塘陈振杰,1970年起在兰少周门下习武,1973年再拜林明为师,1975年又向林岳军学艺。

第三节

涵江门派

除"五八"和"瞎子添"两大门派外,还有涵江黄氏家族和江口戴家的鸣鹤拳派也颇有名气。

该拳派源于潘于八(生卒年不详),清朝时传给今福州长乐占乡岱边村人谢宗祥,又传至福州市鼓山陈圣标(1887年生),其高足莆田涵江黄飞鹏(1926年生)学到南少林拳械功夫后,曾在福建省武术比赛中获奖,后将武技传于其子女辈黄秀玉(女,1952年生)、黄国雄(1954年生)、黄国彬（1955年生）、黄国清（1960年生）、黄国强（1967年生）等五人，再传于下一代黄武龙、李奇虎、黄凤凰（女）、李红玉（女）、黄四海、黄华东、马小梅等，这些后辈也多参加过大型武术比赛并获多枚奖牌。

除南少林拳械外，黄飞鹏还从其岳父李喜狮处学得一套"南少林舞狮"，舞与武结合，传于子孙辈。

陈圣标另一高徒为江口坂梁的戴良鸿，他将鸣鹤拳功夫传给弟弟戴良标，还有儿子戴义龙及戴义石，戴义龙习武并从医，为副主任中医师，出版有拳医著作多本，其第五代传人为定居香港的戴文寿。

清末，涵江哆头隔田村的李道乙颇有名气，他生在大户人家，自幼喜好武术，练成一身功夫。据传，有天早晨他正在练拳，有一行脚僧从墙外经过，听声辨音，已知有人练武，随口说道：拳打得再好，后脚跟也还得用钱垫。道乙知道遇上高人，立即求教，并只身跟随僧人前往永泰县深山的一座寺院学拳，十年后艺成返乡。道乙曾收哆头乡哆中村的李红全为徒，李红全学成后教李亚燊。李亚燊于20世纪70年代将传统南拳三战、六形九法拳及扁担法等传授给孙子李明开；李明开2011年出家为僧后，又随师父释贤灿学成伏虎拳。

民国初年，道乙还将南少林舞狮术传给李喜狮，又将南少林南北鹤拳传给幼侄子李文澄（约1905—1986年），因见其勤奋，特秘传其南少林寺护法拳"韦驮拳"；李文澄既习武又行医，将南北鹤拳、韦驮拳、扁担法等武技以及医术家传至儿子，其四子李杰（1946年生）以家传之技，授徒传艺，并开设骨科疗伤铺。李文澄后于20世纪60年代中期传武技于黄石横塘的张元树（1941—2014年），张元树又传给医生陈敏、陈玉樵、林敏东等多人，其中林敏东与其他流派的武术爱好者互有交流，学到包括五八派及瞎子添派的多种拳械功夫，又向沿海忠门镇的拳师学了扁担法，悟得诸多要谛，技艺精进；他多次参加大型武术比赛，获得金、银奖牌，成绩优秀。陈玉樵也向其他派系行家学了多种武技，在由中国武术协会主办的大型武术比赛中，他在南拳、短兵器及对练项目中获得了金、银奖；2008年夏季，中央电视台《走遍中国》栏目组来莆采访，陈玉樵提出南少林武术中具备"禅武合一"的文化特征，引起专家重视，经论证，栏目组邀其在节目中以"武术文化学者"的身份，对中国武林十大门派之一的鹤拳所凸显的部分禅武元素作相关阐释。

宽阔的胸襟、开放的态度，必将使地方文化更加丰富多彩。对于那些来自外地的优秀武术文化，莆田的武术界高手从不拒绝，亦不排斥。现任莆田南少林武术协会常务副会长、中国武术协会会员、福建省武术协会常务理事的林志平（1958生）为中国武术七段。他于1973年在家乡莆田跟随地方拳师学南少林"三战撩手"，1978年前往武夷山，跟随漳州籍林天龙拳师学"太祖拳"，同年又跟随仙游籍余开荣拳师学永春白鹤拳及双锏，1982年跟随莆田籍拳师郑永森学杨式太极拳及太极推手，1984年跟随原福建省武术教练曾乃良老师学四十八式太极拳，1989年在北京国家武术研究院师承杨振锋、张继修、孙剑云及阚桂香学习杨式、陈式、孙式太极拳。由于基本功扎实，技艺全面，他于1982年至1989年间分别在福建省建阳武警支队、福建省福州武警指挥学校、莆田武警支队等单位担任散打擒拿教官。

林志平于1987年参加福建省武术比赛（当时莆田队教练为陈光强），获得四十八式太极拳冠军，2000年跟随福建省武术队戴林彬教练学习武式太极拳，其后于2004年5月代表福建省武术队参加全国武术太极拳锦标赛，获得男子组武式传统太极拳冠军。

2009年，林志平在福建省武术队总教练戴林彬及原北京武术总教练吴彬老师引荐下，与北京自然太极拳大师祝大彤师父相识，后师从祝大彤，专心研习自然太极拳，至今仍拳不离手，苦心专研，并将自然太极拳这门内功拳引入莆仙大地，邀祝大彤来莆田传授，后又代师传艺。如今，莆田已有多位爱好者投身于自然太极拳运动中来。

第四节

仙游门派

仙游枫亭学士社区的陈德荣（1940年4月生），成年后师承霞苑村张良好、"苦溪荣"二位南少林老拳师，后因工作需要，参加全国统考，成为莆田第一位武术一级裁判员，任职仙游县少体校校长期间，为国家培养输送过获得世界级比赛冠军的优秀武术苗子。

陈德荣

位于莆田城区西南的仙游县被誉为"全国武术之乡"，这里有南少林鹤拳派名师余文飞，自1938年始传技于余玉霖；该派系的食鹤拳曾因余玉霖出访日本表演而深受国外武术同门高度赞扬；另有白鹤派的黄炎，择徒传技，鲤城镇洪桥人吴锦春（又名吴金春，1955年4月生）拜师门下，学成白鹤拳及鹤技器械，近年来多次在海内外武术比赛中获奖。

清光绪年间，鲤城东门的何家八兄弟在武术界名扬一方，有孙辈何锦民（1945年11月生），少小时即表现出优秀的武术天赋，受武术界前辈段文德青睐，收为徒弟，稍后他又师从传统拳名师张国云，武技大进，尤精通霞苑苦溪拳；而他的何家祖传杖——恤坪杖法也名噪一时。

仙游鲤城内的"二郎拳"也自成一派，其代表性传人为陈志梅，陈志梅将拳技和骨伤科医疗知识、药方等全部传授给陈宗德（1951年1月生）。

此外，榜头镇上镜村杨开鉴（1948年生）于20世纪60年代中期投拜在陕西少林寺子门罗汉第三代传人邱健秀门下，艺成后返乡定居，其长子杨建清也学成一身武艺，父子俩多次参加各类武术活动，荣膺"武术之家"称号。

南少林武风孕育了一代武术英豪，在仙游这一块沃土上，出现了王惠玲、陈帅、林凡、黄燕惠、林烟、庄盈盈、陈俊杰、陈洲鲤等武英级优秀武术运动员，他们在奥运会、亚运会、世界锦标赛、全运会上获金夺冠，为祖国和家乡争得了荣誉。

仙游竞技武术套路的辉煌成绩，离不开时任仙游县体委主任林德荣，他于1972年成立了全省首个市级武术班，孕育了仙游籍武术国际级裁判员高楚兰，首批省武术一级裁判员陈德荣，以及四位著名武术女教练林丽蓉、李英姐、宋少华、林碧星。他们为国家培养了众多的优秀武术后备人才。

第五节

白鹤门派

在南少林派下的诸多拳种中，莆田白鹤拳极能体现"以禅入武，以武修禅"的文化特征。中央电视台四套《走遍中国》栏目曾于2008奥运年期间专程来莆田采访"民间拳师"洪光荣及"武术文化学者"陈玉樵，洪光荣推荐蔡永希、陈志勇、黄国雄、陈光明、朱圣熙等人参与演示，录制了节目《鹤影禅踪》专辑，在系列片《武林传奇》中播放，引起较大反响，为不少传媒单位转播，该拳种还被列为中国武林十大门派之一。

莆田白鹤拳修炼功法讲究以气促力、内外合一和出招时似柔亦刚的弹抖发力，注重练精，强调虚灵顶劲，沉肩坠肘，呼吸时在腹中形成小周天，于肌体运动的同时也增添自己内在的精气。而这里的"虚灵顶劲"其实与禅宗修法中的"坐禅"有异曲同工之处。另外鹤拳招术的显著特点是快如闪电、一击即中，以硬击软，招招有杀机，就连被动的防守，也暗含杀伤力。这与南禅善于在特定情境中给人以顿悟,由最普通的事情中生发道理而显得机锋峻峭、收发自如极为相似。

因材施教,扬长避短,拳种的传承过程也有创新。根据鹤的生活特性和形态特征,白鹤拳几经发展,演变为飞鹤、鸣鹤、宿鹤(宗鹤)及食鹤(痹鹤)四种分支流派,各流派动作不太一样,但其神韵依旧,白鹤拳的内涵也更为深厚了。

除莆田本地外,白鹤拳还流传到国外,并繁衍生枝,如日本冲绳刚柔流空手道即系中国"南舟北马"中的南派功夫,源自南少林拳白鹤门。1995年,"冲绳传统古武道保存会"会长仲本政傅曾率空手道人士来莆田寻根访问。

自冷兵器时代走向火器时代后,武术的格斗技击作用渐趋弱化,但作为一种传统文化,其精髓犹存。如今,莆田武术界的有志之士正继续努力,为保护这份珍贵的文化遗产而做出贡献。

2015年莆田南少林武术协会100多人参加第五届中国(莆田)南少林武术文化节开幕式公益展演

第四章 南少林武术传习概录

第一节

洪光荣习传拳械

洪光荣，男，1952年出生，中国武术七段，高级教练职称，全国千名优秀武术辅导员，国家级裁判，国家级社会体育指导员，全国业余体育训练先进工作者，福建省优秀少体校校长。曾任莆田市少体校校长，莆田南少林武术学院院长。自1992年当选首任莆田市武术协会主席至2008年，后更改名称为现在的莆田南少林武术协会。现任：福建省武术协会副会长，福建省健身气功协会副会长，福建省跆拳道协会副会长、福建省南少林武术促进会副会长，莆田南少林武术协会会长，莆田南少林寺武术指导老师。曾在1975年荣获第三届全运会南拳第八名，1980年荣获全国武术观摩比赛金奖，1995年荣获首届嵩山少林寺国际武术比赛金奖，1979—

洪光荣省非遗授匾现场照

2014年洪光荣（左第一位）参加中国文化遗产日活动并被授予传习所牌匾

1982年连续四年获福建省武术观摩比赛一等奖。2010年被莆田市人民政府授予莆田市第二批非物质文化遗产保护项目南少林"三十六宝"传统拳术代表性传承人。2018年被授予"福建省第四批非物质文化遗产代表性项目南少林武术（莆田）代表性传承人"。曾经于1980年代表中国武术国家队运动员访问日本。先后出访了日本、新加坡、菲律宾等国家。培养了众多的武术套路、武术散打、拳击、跆拳道锦标赛、冠军赛的冠军运动员和运动健将，向省体工队、国家队输送了多名优秀运动员。在多家CN类刊物刊登的论文有《浅谈莆田白鹤拳特点及健身养生体会》《少年规定长拳教法初探》《试述武术对练项目的训练》《拳击左右势选手实战技术原理初探》《浅谈心理能量在跆拳道运动训练中的作用》等。1998年和2007年分别应福建省体校及福建省体育局竞技训练处聘请，参与修订福建省武术散打、拳击、跆拳道三个运动专项的福建省青少年运动员科学选材及训练大纲。1989—1992年连续四年被北京体育学院体育系聘为应届实习指导教师。1996年被国家体委授予"全国业余体育训练先进工作者"。2000年被中华人民共和国教育部、国家体育总局联合表彰授予"全国青少年体育工作先进工作者"，同年被福建省教育厅、福建省体育局联合表彰授予"福建省青少年体育工作先进个人"。2005年被莆田学院分别聘为"体育系客座副教授"和"体育专业建设与发展指导委员会委员"。1999年被莆田市人民政府授予"劳动模范"。2005年被中国跆拳道协会授予"十年贡献奖"。2006年和2008年被莆田市委、市政府连续两届授予"拔尖人才"。2011年被福建省体育局授予"福建省百名优秀社会体育指导员"。2012年被国家体育总局健身气功管理中心授予"全国推广健身气功先进个人"。2014年被莆田市文化广电新闻出版局授予"莆田南少林武术洪光荣传习所"牌匾。2016年被莆田南少林寺聘为"南少林寺武术指导"。2018年被福建省

2018年9月洪光荣在湄洲湾职业技术学院传承三十六宝拳给大学生，培养高学历的传承人

2018年11月洪光荣参加福建省首届非物质文化遗产武术（国家级、省级）展示交流大会展演三十六宝传统拳术荣获大会优秀奖　李鹏涛　拍摄

首届省非遗武术展示交流大会举行
洪光荣展演南少林"三十六宝传统拳"

本报讯（记者 吴伟锋 文/图）11月11日，福建省首届非物质文化遗产武术展示交流大会暨纪念地术拳宗师陈依九诞辰115周年活动在福州举行。省级非物质文化遗产武术"三十六宝传统拳"代表性传承人、莆田南少林武术协会会长洪光荣受邀参加。

据悉，这是我省首次举办"非遗"武术拳种保护、传承、展示主题的交流大会。共有省非遗保护中心、省武术协会等相关机构负责人，福建3个国家级非遗、12个省级非遗拳种代表性传承人，全省各地市武协负责人以及特邀嘉宾等300余人出席。

当日活动现场，洪光荣展演了南少林"三十六宝传统拳"（如图），并荣获优秀展演奖。他说，"三十六宝传统拳"是南少林拳种之一，拳术套路突出劲力，多用拳、掌、指，腿法简单实用。第一代传人是清光绪年间的杨少奇，武术界称他为"南拳祖师"。洪光荣的"三十六宝"传统拳，便是师承杨少奇的弟子兰少頫，其中的"五行技手"在莆田独树一帜，被武林界称为全国数一数二的练功方法。

记者在采访中了解到，1974年，洪光荣被选拔进入省体工队，成为一名武术运动员；1975年，参加第三届全运会，获得全国南拳第八名；上世纪80年代，代表中国武术团出访日本，表演"三十六宝"拳，捧获金杯；1995年，在嵩山少林寺举办的首届国际少林武术观摩交流大会中，荣获最高奖"优秀奖章"……洪光荣习武成名，不仅自己"战绩"赫赫，还培养了不少武术和体育人才，取得突出成绩。

湄洲湾职业技术学院聘为客座副教授。1993年中央电视台著名体育记者孙正平、孙和平来莆田专程采访拍摄洪光荣一家三人的武功表演，并在中央电视台一套体育栏目专题播出。2008年中央电视台四套"走遍中国"栏目著名记者宁楠、梁钢专程来莆田采访拍摄题为"鹤影禅踪"的专题片，洪光荣推荐"武术文化学者"陈玉樵以及民间拳师蔡永希、朱圣熙、陈志勇、黄国雄、黄国彬、王清渊、陈光明等人参与拍摄，之后在北京奥运会前夕播出。2012年中国台湾中天电视公司节目部制作中心主任黄建雄、执行制作徐佳蓉专程来莆田采访拍摄洪光荣一家三人的武功表演，洪光荣推荐徒弟姚玉棋、王清渊以及师弟蔡永希一起参演，该节目在东南亚国家

右第五位洪光荣

2018年11月洪光荣参加福建省首届非物质文化遗产武术（国家级、省级）展示交流大会荣获大会优秀奖　李鹏涛　拍摄

右第三位洪光荣

播出，国际影响很好。2017年11月和2018年9月洪光荣组织民间拳师50人，携同武僧团在南少林寺同莅临莆田的日本冲绳20位空手道高手以及日本南城市少林寺流空手道洗心馆拳师，分别进行交流展演传统武术，多家媒体给予了高度赞扬。2018年9月组织民间拳师200人在市群众艺术馆举办"2018年世界健身气功日暨莆田南少林武术展演"。2018年9月应福建省湄洲湾职业技术学院聘请，传授省级非遗传统拳术"三十六宝拳"，为武术推广进入高等院校、培养高学历的传承人才辛勤耕耘。2018年11月参加福建省首届非物质文化遗产武术（国家级、省级）展示交流大会荣获展示优秀奖。

2015年徒弟陈凯在南少林寺向外宾表演护院单刀

2016年洪光荣和1991年南少林论证会专家郝心莲再次相逢时合影

洪光荣、洪光华兄弟两人在练习"五行乱手"

2013年意大利、法国武术友人在洪光荣家中交流表演后合影留念

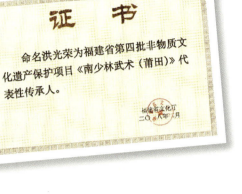

吴鹤在传授徒弟"五行乱手"

一、五行乩手

（1）历史渊源　清朝末期，杨少奇受聘在莆田市城厢区辰门兜郑家开馆授徒，他武德高尚，武技高超，又能广纳百川，学百家之艺，独创新路，在莆田武术界声名显赫。

习艺授徒的过程中，他勤于思考，不断提高，在南拳灵巧敏捷的基础上，根据金、木、水、火、土相生相克之理，独创"五行乩手"的技法，提升近身技击的听力、化力，强化了下盘的稳健，促进步法进退裕如，使人体经络气血更为畅通，在很大程度上弥补了劲力和体力的不足。

由于"五行乩手"对提高武技、强身健体效果显著，杨少奇将其列为他所教习的各种武术套路的最基本功法。

（2）传承谱系

代别	姓名	性别	出生年月	文化程度	传承方式	学艺时间
第一代	僧和林	男	不详	不详	不详	不详
第二代	杨少奇	男	1880年	不详	师承	不详
第三代	兰少周	男	1898年1月	大学	师承	不详
第四代	洪光荣	男	1952年1月	大专	师承	1966年
第四代	洪光华	男	1955年3月	高中	师承	1966年
第五代	吴鹤	男	1982年11月	大学	师承	1989年
第五代	姚玉棋	男	1951年9月	高中	师承	1978年
第五代	宋文恢	男	1954年4月	初中	师承	1974年
第五代	郑建武	男	1964年12月	硕士 工程师	师承	1978年
第五代	陈志勇	男	1963年11月	高中	师承	1981年
第五代	林维祥	男	1964年4月	初中	师承	1978年
第五代	王文龙	男	1972年6月	硕士	师承	1994年

续表

代别	姓名	性别	出生年月	文化程度	传承方式	学艺时间
第六代	王清渊	男	1995年5月	大学	师承	2006年
	杨镇志	男	1996年1月	初中	师承	2008年
	张熙	男	1999年1月	初中	师承	2011年
	陈绍俊	男	1976年4月	高中	师承	1995年

（3）技艺特点　名师杨少奇在传承莆田南少林武术中，根据实战及健身要求，独创金、木、水、火、土相生相克的五行乱手，将其融入套路训练，自成一派，独树一帜。

1）辩证机理　运用五行学说中相生、相克的原理，两人经常性地进行五行乱手的对练，能从中悟出攻与防之间的联系与变化，以及粘黏与连随、听力与化力，身、步法进退虚实的变换机巧；能有效增强天地骨的骨质密度和硬度，并会提高灵巧性和应变能力，增强中、近距离实战的弹、抖、撞之劲道。五行相生为：木生火、火生土、土生金、金生水、水生木，其中每一行都有"我生"和"生我"两个方面，如以木为我，则我生为火，生我为水。五行相克为：木克土、土克水、水克火、火克金、金克木，其中每一行都有"克我"和"我克"两个方面，如以木为我，则克我为金，我克为土。五行相乘为：木乘土、土乘水、水乘火、火乘金、金乘木，其中任何一行都有"乘我"和"我乘"两个方面，如以木为我，则乘我为金，我乘为土。五行相侮亦称反克，如木侮金、金侮火、火侮水、水侮土、土侮木，其中任何一行也会出现"侮我"和"我侮"两个方面，如以木为我，则侮我为土，我侮为金。相乘和相侮也可同时发生，如木过强时，既可以乘土，又可以侮金；金虚时，既可受到木的反侮，又可受到火的相乘。通过五行乱手的练习可以悟出，攻防之间也包含着"生中有制，克中有生"的辩证关系。

2）操演特征　以鹤为形，以形成拳，刚柔相济，动静分明；气沉丹田，吞吐沉浮；以气催力，以声助势；含胸拔背，提裆吊肚，沉肩坠肘；松肩、松腰、松胯，神形兼备，内外合一，逢刚则柔，逢柔则刚；轻盈巧捷，骏身弹抖，擅长用上肢弹抖之劲击打对方的眼睛、承浆和太阳穴，用凶狠的肘部击打对方的膻中、期门和章门穴，腿法相对较少，腿击部位一般为中、下盘：中盘可踢打对方的膻中、期门、章门等穴，下盘踢打对方的裆部、长强、迎面骨。除了套路的演练外，非常强调通过五形乱手的操演，来练就懂劲、听劲、化劲，提升四两拨千斤之功。

3）操练要领　五行乱手需两人搭手演练，上肢要求稍节懂劲，中节为轴，根节沉稳。固定马演练时，下肢要求子午中正，五点睛落地，落地如生根；活动马演练则身随马行，力出腰腿，圆裆松胯，虚实分明。

4）养生机理

① 气息　呼吸是体内真气运行的动力，而真气又是血液运行的动力，练乱手时采用深长细匀的龟息法，可使横隔肌的升降幅度增大，增强肺活量和促进肠胃蠕动。因为足三阴经的真气是随吸气运动而上行的，肾经的真气，吸气时，沿肾经之隧道上行入腹，在丹田内与冲脉合并，挟腹上行至胸腔，注入心包，与心气相交，这就是"肾水上潮以济心火"，水火相济，阴阳协调，可治诸病，同时肝经之真气，上行入肺经，脾经之真气上行注入心经，即所谓"肝脾之气宜升"；而手三阳经之真气，也随着吸气上行，溢于头面，与足三阳经衔接，所以有"三阳荣于面"的说法。呼气时，两肋向内向下合，横隔上升，胸腔缩小，腹腔扩大，因而胸腔内之真气受到压力，沿任脉下行入小腹丹田中，即形成心肾相交，以补命门之火；同时，手三阴之真气由胸注于手指，与手阳经之经气衔接，这就构成了经气大循环。一般人的呼吸每分钟十五至二十次左右，经过五行乱手的有效练习后，每分钟呼吸四或五次，呼吸次数减少，肺活动次数自然也减少，肺脏就有了充分休息的时间，练习过程的代谢活动也有效地改变了血液中氧和二氧化碳分压的比例。深长、细匀的呼气和吸气可以降低人体基础代谢率和器官耗氧量，久而久之，有助于提高体质和延年益寿。所以，五行乱

手的练习在注重听力、化力的同时，也把人体内在的真气调动起来，并且强调"调气为元帅，手足为兵丁"，拳经云"心与意合，意与气合，气与力合"正是此理。

② 气血　五行乩手在练功过程中注重直接强刺激人体四肢的腕、踝关节附近的八脉交会穴，这样不但可以练出攻防招式中的听力、化力，更可对强身健体起到不可估量的补充作用，因为这八个穴位是奇经八脉与十二正经经气交会相通的穴位。经常进行五行乩手的练习，可以更有效地调整人体气血，行气补里；不仅可以内病内治，而且可以使人血气充沛，祛病延年。李时珍说"人体内脏和气血传导的通路，只有修炼气功能够自我内视的人，才能观照明察"，这更肯定了练家对于八脉的论述和运用，他引用北宋张紫阳《八脉经》中所言"奇经八脉，是修炼先天大道的根本，是元气的起始，采气修炼以阴跷脉为先，这条经脉的经气一通，其他各条经脉都容易贯通。其次督、任、冲三条脉是经脉气血生发的源泉"，强调阴跷脉在功法修炼中的重要作用。任、督二脉在人身就如一日中的子午线，是元气之所出，真气之所生，能通此二脉，则百脉皆通，使人驻颜延寿，其具体穴位如下。上肢：a.列缺穴——属肺经而通任脉；b.后溪穴——属小肠经而通督脉；c.内关穴——属心包经而通阴维脉；d.外关穴——属三焦经而通阳维脉。下肢：a.照海穴——属肾经而通阴跷脉；b.申脉穴——属膀胱经而通阳跷脉；c.公孙穴——属脾经而通冲脉；d.足临泣穴——属肝经而通带脉。

五行乩手既可增强技击能力，亦可强身健体，在比试中，还可文明较技，是五八拳派中一种极为重要的技艺。

二、"三十六宝"拳术

（1）历史渊源　"三十六宝"传统拳术起源于莆田南少林寺。

1）清朝，莆田萩芦人杨少奇（人称"五八先生"）偶遇莆田南少林寺武僧，二人意气相投，互相交流武技，杨少奇由此习得南少林武艺真传，后受聘在莆田县英龙街辰门兜郑家开馆教武。杨少奇的三十六宝拳、佛祖棍法及莆田白鹤拳，堪称"五八先三宝"。他独创绝招"五行乱手"，融功法与技法为一体，并将此独门绝技精心传授给徒弟，五八派拳械套路便在莆田流传开来。

2）民国时期，当时的大户人家子弟兰钊（又名兰少周），勤奋好学，杨少奇除了传授"五八先三宝"和"五行乱手"外，还因人施教，传授他的看家器械佛祖棍法、青龙大刀、护院单刀、滚趟双刀、日月乾坤刀、九节鞭、三节棍、双铁尺、月牙铲、双锏、板凳法、飞刀和南少林"五雷拳"等多种武艺。兰少周家境条件较优越，学艺多年后，又赴北平国术馆学习北派的形意、八卦、通臂、大枪等，因此技术更是全面，功夫更加精湛。

3）新中国成立后，洪光荣出生在武术、中医世家，自幼跟随父亲习练三战等基本功，并学习中医青草药知识和骨伤疗治方法，基础较扎实，师从兰少周老师后，武技大为长进，对三十六宝拳的演练尤为娴熟。1974年恢复武术为体育竞赛项目，洪光荣经过省体委集训选拔后入选为福建省体工队武术队运动员，从此便由民间拳师成为国家正规的武术运动员，后来又从事教练员工作。丰富的从武经历，使得洪光荣精益求精，他对武术的理解更加深刻，南少林三十六宝拳术的演练也更为精彩。

（2）传承谱系

代别	姓名	性别	出生年月	文化程度	传承方式	学艺时间
第一代	僧和林	男	不详	不详	不详	不详
第二代	杨少奇	男	1880年	不详	师承	不详
第三代	兰少周	男	1898年1月	大学	师承	不详
第四代	洪光荣	男	1952年1月	大专	师承	1966年

续表

代别	姓名	性别	出生年月	文化程度	传承方式	学艺时间
第五代	吴鹤	男	1982年11月	大学	师承	1989年
	姚玉棋	男	1951年9月	高中	师承	1978年
	洪光华	男	1955年3月	高中	师承	1966年
	郑建武	男	1964年12月	硕士 工程师	师承	1978年
	王文龙	男	1972年6月	硕士	师承	1994年
第六代	王清渊	男	1995年5月	大学	师承	2006年
	林春杰	男	1966年1月	初中	师承	2010年
	杨镇志	男	1996年1月	初中	师承	2008年

（3）技艺特点　"三十六宝"拳术是莆田南少林优秀的传统拳术之一。它以拳法为诸艺之源，以套路为入门之法，继而拆招、破招，徒手搏击，并兼练多种强化提高技击能力的辅助功法，如沙袋，石锁，石担，站桩，排打，乱手，掌击树桩，两人对敲天地骨等，如拳谚所云"打拳不练功，到老一场空"。习练者完成了招熟、懂劲、神明的习武领悟过程，就基本上实现了传统武术"练为战"的实用宗旨。本套路经历代拳师的传承发展后有以下特点。

1）招式敏捷清晰　低腿矮桩、短桥狭马；步稳势烈，手法灵活多变；沉肩坠肘，上下相随、内外合一；气沉丹田，以气摧力。

2）招法丰富　其手法有：拳，掌，指，钩。

肘法有：横肘，撞肘。

桥法有：沉桥，圈桥，架桥。

步法有：弓步，马步，半马步，虚步。

腿法动作较少，起腿不过胸。

3）主要攻击穴位

① 任脉：膻中穴、中脘穴、神阙穴、关元穴、承浆穴。

② 督脉：风府穴、大椎穴、长强穴、命门穴、身柱穴。

③ 肺经：中府穴、尺泽穴、列缺穴。

④ 肝经：曲泉穴、期门穴、章门穴。

⑤ 胃经：人迎穴、天枢穴、丰隆穴。

⑥ 脾经：血海穴、三阴交穴、大包穴。

⑦ 心经：极泉穴、神门穴、少海穴。

⑧ 肾经：太溪穴、照海穴、复溜穴、幽门穴。

⑨ 胆经：阳陵泉穴、肩井穴、带脉穴、京门穴。

4）演练要领　注重形、气、神的兼修。师传口诀为：形不正则气不顺，气不顺则意不宁，意不宁则神散乱，形乃神之宅，神为形之主。张景岳说："形者，神之本，神者，形之用，无神则形不可活，无形则神无以生，故欲养神者，不可不谨养其形"。这些经典之语都充分诠释了内练和外练的相互关系。

（4）养生机理

1）桩练八虚。因为八虚是一身之气所经过的八个最大关节处，既是邪气最容易停留的地方，也是气血最容易拥堵的地方。

2）百会对会阴，肩井对涌泉。

① 师传口诀为：百会为天门，会阴为地户，天主动，地主静，所以天门要常开，地户要常闭。会阴穴是任、督、冲三条经脉的一个起始点，督脉主人一身之阳气，任脉主人一身之阴血，冲脉主人一身之性；会阴穴一打开，人体的百脉都动，所以练功夫时一定要让会阴穴有弹性且紧闭，使散乱之气得以归元，这样有利于能量储存，有助于延年益寿和强身健体。

② 肩井穴被称为人体第一强身穴，属于胆经。涌泉穴为足底肾经的要穴，桩功意念此两要穴，对五脏六腑大有补益。

3）拳谚曰："内练一口气，外练筋骨皮"。三十六宝拳演练时还要舌抵上腭，此为虚灵顶盖。练的过程中，口内会有津液自然渗出，练家称为

"琼浆玉液"。现代医学研究证明：唾液内含有球蛋白、黏液蛋白、氨基酸、溶菌酶、碱性离子、免疫球蛋白和各种微量元素，唾液有改善糖代谢，维持血糖恒定的作用。含而咽之，能助消化，润五藏，补虚劳，壮体魄，增强抵抗力。

肢体运动时，形显示于外，但意识、神韵、力道贯注于招式之中，坚持练习"三十六宝"拳术，可以使肌体气足，精盈，神明。演练套路的过程也是人体易骨、易筋、易力、洗髓的过程。

（5）莆田南少林武术"三十六宝"拳术拳谱

① 采气贯顶
② 震山跨马
③ 双锤
④ 开门见山
⑤ 泰山压顶
⑥ 丹田试力
⑦ 将军挂印
⑧ 金蝉脱壳
⑨ 铁锤入石
⑩ 缠钩手
⑪ 单肢采柳（右二、左一）
⑫ 双铁掌
⑬ 捆身
⑭ 铁扁担
⑮ 下山砍竹
⑯ 弓马弹珠
⑰ 穿心肘
⑱ 上鞭锤
⑲ 下鞭锤
⑳ 缠手倒乾坤
㉑ 拦腰斩
㉒ 拨云见日（右二、左二）
㉓ 麒麟张牙（右二、左二）
㉔ 半撩手（右一、左一）
㉕ 叼擒手
㉖ 退步牵马
㉗ 踢绣球
㉘ 打虎势（东、西、南、北）
㉙ 狸猫洗脸
㉚ 金鸡啄米
㉛ 单掌献宝
㉜ 二龙取珠
㉝ 钟鼓齐鸣
㉞ 下海探宝
㉟ 连钩手
㊱ 五湖四海皆兄弟

习武成名　传承有心
——访南少林"三十六宝"传统拳术传承人洪光荣

福建日报全媒体记者　欧碧仙

洪光荣指导南少林武僧 林剑冰 摄

"三十六宝"拳术攻防兼备，下盘稳，中盘实，上盘灵活有度；有刚猛之势，有轻巧之功，四面行拳，招式流畅，技法全面；转守为攻于瞬息之间，往往能出奇制胜。

南禅中接机辩理，常见圆活自如，于跌宕起伏中峰回鋆转，三十六宝拳的掌、技、拳、爪功夫亦如是。该拳种的套路动作顺势必为，逆势可发，遵循人体机制，充分发挥各项生理功能，以求功效最大化。其防守善于以力就力，以轻卸重；其进攻善于用颤劲，聚力于一弹一抖之间，爆发于触及点。可以说，该拳种较为集中地体现了莆田南少林武术的典型特点，堪称南少林武术中富有代表性的拳种。

"三十六宝"传统拳术招式图

（一）采气贯顶

（二）震山跨马

（三）双锤

（四）开门见山

（五）泰山压顶

（六）丹田试力

（七）将军挂印

（八）金蝉脱壳

（九）铁锤入石　　　　　　　　（十）缠钩手

（十一）单肢采柳（右势）　　　（十一）单肢采柳（左势）

（十二）双铁掌

（十三）捆身

（十四）铁扁担

（十五）下山砍竹

（十六）弓马弹珠

（十七）穿心肘

（十八）上鞭锤

（十九）下鞭锤

（二十）缠手倒乾坤

（二十一）拦腰斩

（二十二）拨云见日（右势）

（二十二）拨云见日（左势）

（二十三）麒麟张牙（右势）

（二十三）麒麟张牙（左势）

（二十四）半撩手（右势）

（二十四）半撩手（左势）

（二十五）叼擒手

（二十六）退步牵马

（二十七）踢绣球

（二十八）打虎势（右势）

（二十八）打虎势（左势）

（二十九）狸猫洗脸

（三十）金鸡啄米（正面）

（三十）金鸡啄米（侧面）

(三十一)单掌献宝

(三十二)二龙取珠

(三十三)钟鼓齐鸣

(三十四)下海探宝

（三十五）连钩手

（三十六）五湖四海皆兄弟（右势）

（三十六）五湖四海皆兄弟（左势）

洪光荣在传授
王清渊、张熙
三十六宝拳

洪光荣在传授
吴鹤、王清渊
三十六宝拳

三、莆田白鹤拳

（1）历史渊源

1）莆田在古代时称为"兴化"，地处福建省中部，为八闽的"闽中"，武术文化源远流长。此地自古民风剽悍，习武风行，封建王朝欲"兴礼德教化莆民"，故命名"兴化"。兴化大地上武林英才辈出，武史相当辉煌，自唐朝武则天首开武考至清光绪年间，出了武进士几十人，还有兵部尚书3人。这里还是著名的南少林寺所在地，自唐代以来，在莆田，南少林传统的拳术、拳种已自成风格，历代民间练拳习武的风气日益盛行。

2）白鹤拳是著名的少林五拳（龙拳－练骨，虎拳—练筋，豹拳—练力，蛇拳—练气，鹤拳—练精）之一，自清康熙年间（1662—1723年）流传至今已有三百多年的历史，创始人为福建福宁州府北门外（现霞浦县）少林拳师方种的独生女方七娘（原籍浙江丽水），后因方七娘定居永春，故后人称此拳为"永春白鹤拳"。经数代拳师传承发扬，该拳已演变为飞鹤、鸣鹤、宿（宗）鹤、食鹤（也称朝鹤或痹鹤）四个支派。主要在福建省各地流传，并经华侨传播至海外。省内的福州、福清、连江、宁德一带，以鸣鹤、食鹤、宿鹤相承较广，永春和莆田以白鹤、飞鹤较为流行。目前莆田市练习鹤拳较具代表性的人物有：陈志勇（飞鹤拳），戴义龙，黄国雄（鸣鹤拳），黄灶妹（宿鹤拳），余玉霖（食鹤拳），洪光荣（白鹤拳）。虽几经演变，套路招式有所不同，但练功要旨却大同小异。

3）源于方七娘的白鹤拳传至莆田著名拳师杨少奇时，已开始有了浓重的莆田南少林武术色彩。据《莆田市体育志》记载，杨少奇所传的白鹤拳套路结构、演练风格和练功方法已有较大变化。从此，莆田的白鹤拳就自成一派，它善于以巧制强，以柔克刚，以快打慢，精确击中敌方要害部位。

莆田白鹤拳流传至今的套路有：① 三战；② 半撩；③ 全撩；④ 三十六宝；⑤ 白鹤拳；⑥ 五雷拳。

（2）传承谱系

代别	姓名	性别	出生年月	文化程度	传承方式	学艺时间
第一代	杨少奇	男	1880年	不详	不详	不详
第二代	兰少周	男	1898年1	大学	师传	不详
第三代	洪光荣	男	1952年1月	大专	师传	1966年
第三代	洪光华	男	1955年3月	高中	师传	1966年
第四代	吴鹤	男	1982年11月	大学	师传	1989年

（3）莆田白鹤拳拳谱

① 采气贯百汇
② 仙鹤眠视
③ 开门见山
④ 泰山压顶
⑤ 将军挂帅
⑥ 收鹤脚
⑦ 右半马步右展翅
⑧ 左半马步左展翅
⑨ 马步双展翅
⑩ 双箭前弹珠
⑪ 拳掌摩腹
⑫ 上左步左半马步左展翅
⑬ 上右步右半马步右展翅
⑭ 马步双展翅
⑮ 双箭前弹珠
⑯ 马步拳掌摩腹
⑰ 拍云门单手凤眼拳
⑱ 环桥后上撞肘
⑲ 右震脚左横睬迎面骨
⑳ 左丁步上架下扑翅
㉑ 右侧上步单挑翅
㉒ 左垫步双弹抖翅
㉓ 左侧上步单挑翅
㉔ 左垫步双弹抖翅
㉕ 马步双展翅
㉖ 双箭前弹珠
㉗ 后仰剪翅
㉘ 右上步双前标插
㉙ 拍腹马步双箭前弹珠
㉚ 左转身内拐肘
㉛ 右侧步侧身右撞肘
㉜ 左侧凤眼三拳
㉝ 右上步内扣脚横披翅
㉞ 左上步左内扣脚横披翎
㉟ 右转身右半撩手
㊱ 左转身左半撩手
㊲ 上步右骑龙步左右姜母拳
㊳ 左转身左骑龙步右左姜母拳
㊴ 右撤步马步双撞肘
㊵ 右半马步鹤嘴啄珠
㊶ 左半马步鹤嘴啄珠
㊷ 左转右鹤脚缠钩挂双披翅
㊸ 右上步左鹤脚缠钩挂双披翅
㊹ 左转身右横肘左上下连环肘
㊺ 右上步上掏蛋
㊻ 左提膝双飞式
㊼ 仙鹤歇栖
㊽ 精气神归一

（4）技艺特点　莆田南少林白鹤拳招式多变，拳理严谨，其演练包含技法和功法两部分，融技战搏击与健身养生于一体。

1）套路

① 风格特点

后人发而先人至，刚在他力前，柔在他力后。守如处女，动似雄鹰。有桥断桥，无桥搭桥，以吞吐浮沉之法，刚柔相济之机，见力生力，见力卸力，见力借力，见力化力。审时度势，虚实相兼。脚进而手动，手动而脚进。脚进若手不动则无力，手动若脚不进则无势。无力不能伤敌，无势反被敌伤。

② 击打部位

以敌方的头面、耳、眼睛、咽喉、颈动脉为主要击打目标，并趁势寻机精确地击打以下要穴。

任脉的：膻中穴、中脘穴、神阙穴、关元穴、承浆穴。

督脉的：风府穴、大椎穴、长强穴、命门穴、身柱穴。

肺经的：中府穴、云门穴、尺泽穴、列缺穴。

肝经的：曲泉穴、期门穴、章门穴。

胃经的：人迎穴、天枢穴、丰隆穴、梁丘穴。

脾经的：血海穴、三阴交穴、大包穴、阴陵泉穴。

心经的：极泉穴、神门穴、少海穴。

肾经的：太溪穴、照海穴、复溜穴、幽门穴。

胆经的：阳陵泉穴、肩井穴、带脉穴、京门穴。

③ 养生意义

鹤寓长寿，白鹤拳在讲究攻防招数法则的同时，也注重养生"三宝"的修炼，即养精，养气，养神。以太阳、月亮、星辰为天之三宝，以水、火、风为地之三宝，以精、气、神为人之三宝。视"精"为人体生命活动的物质基础，视"气"为人体生命的能量动力，视"神"为人体生命活动的体现，练至精足、气盈、神奕，以达到祛病延年的目的。

2）技法

① 招式要旨

头项要旨：天庭要方正、地阁需微收。虚灵加顶劲，含胸兼拔背，耳听八方音，眼神射四海，狮嘴麒麟眼。

上臂要旨：内节硬如钢，外节软如棉。上节要沉肩，中节需吞坠，尾节虎尾巴。井井朝着天，聚气待弹发。

下肢要旨：起腿三分虚，出腿不过胸。五点金落地，落地要生根。圆裆还松胯，屈膝才坐腿。进退虚实顺势又乘势。

腰马要旨：子午线中正，灵活又自如，吞嗓并吊裆、紧夹尾闾穴。意守丹田处，劲力从脚起，蓄于身腰处，发于臂手梢。身随腰马行，手顺腰马变。

② 招式特征　招式敏捷清晰。低腿中马桩、步稳气势烈，手法灵活多变，上下相随、内外合一，沉肩坠肘，气沉丹田，以气摧力，演练时以形领气，注重形、气、神的兼修。师传口诀为：形不正则气不顺，气不顺则意不宁，意不宁则神散乱，形乃神之宅，神为形之主。肢体运动时，形显示于外，但意识、神韵、力道贯注于招式之中，攻中带防，防中蕴攻。

③ 养生意义　守五窍三关。

李时珍认为："任、督二脉是人身的子午线，是心火、肾水交会的地方"，道家视五窍为元气之贼，因此强调对眼、耳、鼻、口、意的修炼，练功时目不斜视而随手视，则魂在肝而不从眼漏（肝神为魂）；鼻不闻香而呼吸在内，则魄在肺而不从鼻漏（肺神为魄）；口不开而默内守，则意在脾而不从口漏（脾神为意）；心不妄想，则神在心而不从想漏（心神为神）。守三关是耳、目、口：耳听声则肾精动摇，目视色则心神驰越，口多言则肺气散乱。关闭耳、目、口三关，心神内敛，真气随意念运行，舌抵上腭，搭通上鹊桥，气化为津，口腔便产生清甜稀薄唾液，慢咽经任脉下行直达下丹田，称为"玉液还丹"（现代医学研究证明：唾液含有球蛋白、黏液蛋白、氨基酸、淀粉酶、溶菌酶、免疫球蛋白和各种微量元素等）。人体下窍闭藏，精藏而不泄也，元精充足，精化为气，真气经会阴穴由督脉上行达头脑部的百会穴，以奉养元神。这种运用上窍和下窍的精血和真气相助相生的原理进行莆田白鹤拳套路练习，可以有效地调整机体的免疫功能。兰少周师父几十年如一日练习本套路，94岁驾鹤仙逝，便是明证。

（5）功法

1）功法要领　练拳需练桩，莆田南少林白鹤拳主张桩马要八虚，八虚是指八个部位要放松，这八个部位是两肘、两腋、两胯、两腘窝，因为八虚是一身之气所经过的八个最大关节处，既是邪气最容易停留的地方，也是气血最容易拥堵的地方，所以桩马要做到沉肩、坠肘、松胯、微弯膝，以便真气畅通无阻。

2）养生机理

① 心肺若有病，那么肘部的少海穴（心经）、曲泽穴（心经）、尺泽穴（肺经）拨动它时会有疼痛感。所以桩法的沉肩坠肘（心包经，肺经过肘）除了技击上的用处外，可以打开心肺释放胸中淤阻之气，对人体的心肺功能也是很好的锻炼。

2008年中央电视台4套"走遍中国"栏目专程来莆田采访洪光荣的"莆田白鹤拳"并拍摄专辑"鹤影禅踪"，在北京奥运会前夕播出

1986年福建省武术协会发给洪光荣省武协证书的拳种为"白鹤拳"

2016年洪光荣在传授莆田南少林寺武僧"莆田白鹤拳" 陈寿雨 拍摄

2015年洪光荣在演练"莆田白鹤拳" 陈寿雨 拍摄

② 肝胆若有病，其气留于两腋，胆主全身的生发之机，若两腋略松开（肝胆经从腋下走），会帮助梳理腋窝顶点的腋动脉搏动处的极泉穴（心经），平时我们所说的"气急攻心"实际上是肝火滞留于两腋，阻碍心经气血的运行。通过刺激极泉穴，可以宽胸理气，加大气血的流通，将肝之邪气驱除体外。

③ 脾若有病，其气留于两髀，在人体的胯骨轴处，是人体最大的关节处，此处若能松活圆转，会有效地刺激到大腿内侧与小腹交接处腹股沟外侧的冲门穴（脾经与肝经的会穴）和腹股沟稍上方的气冲穴（冲脉与胃经的会穴），使脾胃的运化功能顺畅，无痰湿和淤阻。

④ 肾若有病，其气留于两腘窝处的委中穴，此穴最容易在人体产生筋结病灶，使经脉不通，甚至头痛（因为膀胱经走头），中医有："腰背委中求"之说法，松腘窝不胆可以散去膀胱经的淤阻，同时还可以起到补肾的作用。

八虚的有效习练，就是让气血充盈，在畅通周身三百六十五节的同时对五脏也进行了调理，所以受历代养生家的重视。

3）白鹤拳的内练法　莆田南少林白鹤拳内练八会穴，八会穴是指脏、腑、气、血、筋、脉、骨、髓等精气所会聚的腧穴。八会穴与其所属的八种脏器组织的生理功能有着密切的关系，在健身养生方面对人体机能的疏通和补养有显著的作用。分别对应的是：五脏之会为章门穴，属脾经募穴，六腑之会为中脘穴，属胃经募穴；气会之会为膻中穴，属心包经募穴；血会之会为膈俞穴，属膀胱经穴；筋会之会为阳陵泉穴，属胆经合穴；脉会之会为太渊穴，属肺经腧穴，骨会之会为大杼穴属膀胱经穴；髓会之会为绝骨（悬钟穴），属胆经穴。

少林五拳之一的白鹤拳主要是练精，而八会穴是精气会聚的腧穴，所以常年练习莆田白鹤拳，自然而然地就会"练精化气，练气化神，练神还虚，积神生气，积气生精，炼精化气，炼气化神，精中生气，气中生神"，使禀受父母的先天之精和水谷精微的后天之精不断得以濡养培育。于人体而言，精全则气全，气全则神旺。精、气、神是人体三宝，通过它们三者的相互滋生和转化可以达到精盈、气充、神合的健身养生目的。

4）养生机理

① 百会对会阴。百会穴与会阴穴为一直线，是人体精、气、神的通道，百会为阳接天气，会阴为阴收地气，二者互相依存，相对相应，统摄着真气在任、督二脉上的正常运行，维持体内阴阳气血的平衡，是人体生命活动的要害部位，也是人体长寿的要穴。师传口诀为：百会为天门，会阴为地户，天主动，地主静，所以天门要常开，地户要常闭。会阴穴是任、督、冲三条经脉的一个起始点，督脉主人一身之阳气，任脉主人一身之阴血，冲脉主人一身之性，会阴穴一打开，人体的百脉都动，会阴穴是人体任脉上的要穴，对疏通体内脉结、促进阴阳气血的交接与循环，对调节生理和生殖功能有独特的作用。所以练功时一定要让会阴穴有弹性且紧闭。百会穴是人体督脉上的要穴，和众经脉交会在头部，能调节大脑中枢神经系统和改善血管痉挛状态，加快血液循环，促进新陈代谢，提高免疫力。所以练功时一定要让百会穴中正，舌顶上腭，使散乱之气得以归元，以养脑营神，这样有利于能量储存，有助于延年益寿和强身健体。

② 肩井对涌泉。人体有一口井，井底在涌泉穴，井口在肩井穴，肩井穴被称为人体第一强身穴，是足少阳胆经上的穴位，它和足厥阴肝经

1980年第7期《新体育》杂志第16页，刊登了全国比赛简况，福建洪光荣的白鹤拳属于南派少林，劲力充沛，步稳势烈

互为表里，肝胆两经能调理人的情绪，调节全身气血。涌泉穴是足少阴肾经的井穴，也是足少阴肾经的起始穴位，是培补元气、振奋人体正气、温补肾中阳气的穴位。肾主水，肝主火，中医术语"乙癸同源"乙指的是肝，癸指的是肾，同源指的是肾精和肝的阴血是可以互化互用的，所以要肩井对涌泉，有利激活肾经的源头，从而使肾经的经气源源不断地涌出，让肝火和肾水相互转化和补益，这样可以达到活跃肾经内气，引导肾脏虚火及上身浊气下降。具有补肾、疏肝、明目，颐养五脏六腑的作用。

1980年5月23日的《太原日报》刊登福建洪光荣的少林白鹤拳

取象比类格言：鹤常运转尾闾，故能贯通督脉；龟常昂首纳息，故能贯通任脉。坚持练莆田白鹤拳和五行乩手，确能打通任督二脉，延年益寿。

四、五雷拳

（1）历史渊源　清初，莆田南少林寺在反清复明斗争中与天地会有着千丝万缕的关系，清王朝深为忌恨，派出官兵，收买叛徒，火烧寺院，杀戮僧众，有劫后余生的武僧逃出重围，流落江湖，靠暗中传徒授艺为生，于是南少林寺的拳术和器械开始传入莆田民间，至今有300多年历史。"五雷拳"当初就是通过南少林寺武僧流传到莆田民间的。

（2）传承谱系

代别	姓名	性别	出生年月	文化程度	传承方式	学艺时间
第一代	僧和林	男	不详	不详	不详	不详
第二代	杨少奇	男	1880年	不详	师承	不详
第三代	兰少周	男	1898年1月	大学	师承	不详
第四代	洪光荣	男	1952年1月	大专	师承	1966年
第五代	吴鹤	男	1982年11月	大学	师承	1989年
第五代	姚玉棋	男	1951年9月	高中	师承	1978年
第五代	陈绍俊	男	1976年4月	高中	师承	1995年
第六代	王清渊	男	1995年5月	大学	师承	2006年
第六代	陈凯	男	2001年4月	初中	师承	2010年
第六代	刘乘杭	男	2001年10月	初中	师承	2010年
第六代	唐家辉	男	1996年12月	大学	师承	2011年
第六代	张达楠	男	1998年2月	大学	师承	2011年
第六代	林国森	男	1984年12月	中专	师承	2013年
第六代	张华仙	男	1984年5月	初中	师承	2014年
第六代	李尧	男	1987年2月	本科	师承	2014年

（3）五雷拳拳谱

① 采气百会穴

② 下沉守丹田

③ 马步沉桥

④ 肩井对涌泉

⑤ 气海双拍掌

⑥ 轮臂抱请拳

⑦ 上步、半马步挑掌

⑧ 弓步左冲拳

⑨ 横裆步阴阳掌

⑩ 弓步穿心肘

⑪ 退步狮子大开口

⑫ 丁步下截拳

⑬ 弓步二龙取珠

⑭ 马步左右架拳

⑮ 上步双虎扑

⑯ 弓步横切掌

⑰ 退步下格挡

⑱ 弓步右冲拳

⑲ 上步抱腿摔

⑳ 转身下踹腿

㉑ 进步迎面锤

㉒ 揉手勾踢腿

㉓ 马步架冲拳

㉔ 武松伏虎势

㉕ 搂手擒拿

㉖ 贴靠弹抖

㉗ 穿心蹬腿

㉘ 半马步姜母拳

㉙ 双剪手

㉚ 开门见山双沉桥

㉛ 二龙双取珠

㉜ 马步双撞肘

㉝ 搂手拆打

㉞ 半马步单撞肘

㉟ 上步左挑掌

㊱ 进步右虎扑

㊲ 膝撞

㊳ 老虎抱猪

㊴ 关公拉须

㊵ 马步双切掌

㊶ 弓步虎爪

㊷ 冲天拳

㊸ 虚步双勾手

㊹ 上步阴阳掌

㊺ 退步马步沉桥

㊻ 五湖四海皆兄弟

（4）技艺特点

1）拳术是少林功夫的根基，早期的拳法是以实战输赢论英雄，所以招数简单但非常实用，没有花架子。

2）莆田南少林"五雷拳"自传入莆田民间至今已有300多年历史。其特点是：步稳势烈，低腿矮桩，上下相随，内外合一；拳法丰富擅变，出拳不送肩，以横破直，以动制静，多上肢动作，一招几变手，腿高不过胸。注重形、气、神兼修。

3）"五雷拳"基本手法有拳、掌、钩、爪、指等。擅长肘法，招式伴有吞吐沉浮。发力时，常伴有发声，以气催力，以声壮势，招招勇猛刚健，极具阳刚之气。启蒙教徒是"未学功夫，先扎马步"，如拳谚所言"打拳先练桩，否则软得慌"。桩功的练习，是为五雷拳的"步稳势烈"打下坚实的基础。

4）练莆田南少林"五雷拳"者，都要练该门派自创的一种独特的辅助练功方法，就是融入了金、木、水、火、土相生相克辩证原理的"五行乩手"。由二人搭手对阵，强调"手足是兵丁，调气为元帅"，其上肢要求：关节运劲，中节为轴，根节沉稳。下肢要求：（固定马）子午中正，五点睛落地，落地如生根，（活动马）身随马行，力出腰腿，圆裆松胯，虚实分明。练习时的呼吸采用深长细匀的龟息法，促使横隔肌的升降幅度增大，增强肺活量、促进肠胃蠕动。持之以恒地练习"五行乩手"，能使人从中悟出攻与防之间的联系与变化，能掌握粘、黏、连、随，听力与化力，进退虚实，身法步法的变换机巧，极大地提高灵巧性和应变能力。搭手练习还直接刺激人体的四肢腕、踝关节附近的八脉交会穴，所以不但会迅速提高手脚的听力、化力以及尺骨和桡骨的骨质密度，同时也把人体内在的真气调动起来。拳经所云："心与意合，意与气合，气与力合"，便是此理。

5）五雷拳演练时注重形、气、神三位一体的人体生命整体观，通过调身、调息、调心，练功三要素的综合习练，运用自身意识，充分调动和激发人体内在的潜力，改善和增强人的整体功能，尤其会提高人体自身的免疫力。拳谚讲："外练筋骨皮，内练一口气"。在技击方面，它讲究击打的成功率，不轻易出招，若要出手，以击打以下几个穴位为主。

① 任脉的：关元穴，气海穴，膻中穴，华盖穴，承浆穴。

② 督脉的：长强穴，命门穴，神道穴，大椎穴，哑门穴。

③ 肺经的：中府穴，云门穴。

④ 肝经的：章门穴，期门穴，曲泉穴。

⑤ 胃经的：人迎穴，梁丘穴，丰隆穴，缺盆穴。

⑥ 脾经的：大包穴，三阴交穴，血海穴，阴陵泉穴。

⑦ 心经的：极泉穴，少海穴。

⑧ 肾经的：太溪穴，照海穴，复溜穴，气穴，幽门穴。

⑨ 胆经的：阳陵泉穴，肩井穴，带脉穴，京门穴。

五雷拳攻势凌厉，防守严谨，是实战性极强的拳种。

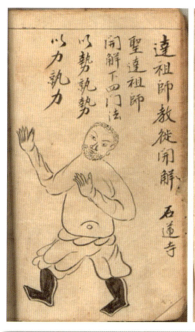 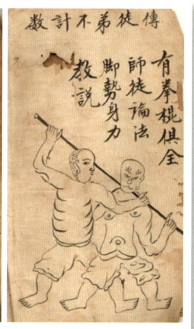

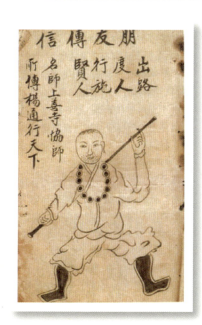 

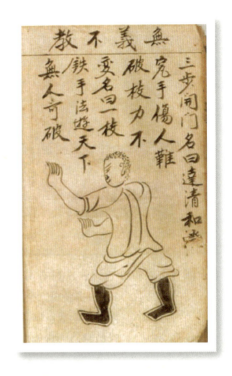

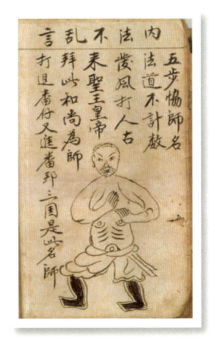

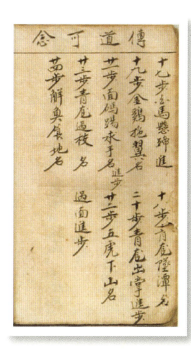

十七步秘馬懸琊進 十八步青虎陛潭名
十九步金鷄抱翼名
廿步青虎出掌進步
廿一步面碼踢永手名
廿二步五虎下山名
廿三步青尾過枝名
廿四步解臭食地名

傳道可念

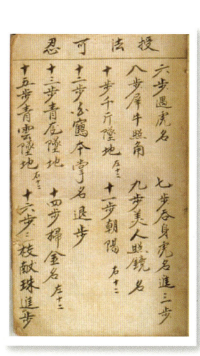

六步遇虎名
七步吞身虎名進三步
八步犀牛照角
九步美人照鏡名 右十三
十步千斤陛地 左十三
十一步朝陽 右十三
十二步忿窩个掌名退步
十三步青尾陛地
十四步掃金名 左十三
十五步青雲陛地 左十三
十六步一枝獻珠進步

授法可忍

正艮塘虎　老僧鐙拳　烏龍掉角
炉牀彈琴　青尾伏地　烏雲蓋頂
正伏地虎　正沖天拳　玄猿接菓
玄馬敏鞍　　　　　　正田頴鏡
　　　　　　　　　　將軍挂印止
要裝法無敎古習成功有譜可膓無譜合兵
茄譜拳武加拳二戰十二拳譜十六木戉拳譜二十六拳十二名

將軍挂印起　青尾出辰　右手單鎗
穎秦佩劍　霸王開弓　猫裡洗面
蓮花出水　右手直決　庵女獻珠
鐵拳穿馬　琴鷹逸光　犀牛照角
黃牛破桐　鐵牛入石　正吞身虎
鹿角何楔　金蟬閙口　鐵尺閙城門

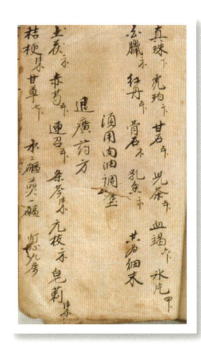

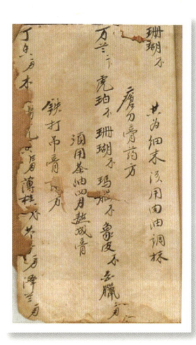

2015年陈绍俊参加南少林武术节荣获金奖

陈绍俊演练五雷拳

吴鹤在传授五雷拳

徒弟唐家辉在演练"五雷拳"

五、护院单刀

（1）历史渊源

1）两汉时期，刀逐渐发展为战场上步兵拼杀的主要兵器，同时还出现了许多不同样式的长柄刀。少林寺僧兵为了参战需要，刀也成了武僧们必练的兵器之一。少林寺刀法体系形成是在明代中后期，少林刀法广泛应用于战场是在明末时期。清代之后，少林刀法套路琳琅满目，技法也精益求精。明代军事家戚继光著书《辛酉刀法》记载了刀术的技术和技法。也有人称：刀为百兵之首。莆田南少林"护院单刀"就是从少林寺的刀法，根据南方人身材偏矮小，力道逊于北方人而演变形成的。

2）清朝初年，莆田南少林寺作为反清复明基地，抗清义士、武林好汉齐聚具有习武传统的南少林寺，后因叛徒出卖，僧众多被杀戮，寺院被夷为平地，冲出火海的武僧流落江湖，传徒授艺，坚持抗清斗争。据考，莆田拳术和器械大多是当时流落江湖的南少林寺武僧所传。"护院单刀"就是其中之一。僧和林是本套"护院单刀"的师祖。

（2）传承谱系

代别	姓名	性别	出生年月	文化程度	传承方式	学艺时间
第一代	僧和林	男	不详	不详	不详	不详
第二代	杨少奇	男	1880年	不详	师承	不详
第三代	兰少周	男	1898年1月	大学	师承	不详
第四代	洪光荣	男	1952年1月	大专	师承	1966年
第五代	吴鹤	男	1982年11月	大学	师承	1989年
第六代	王清渊	男	1995年5月	大学	师承	2006年
第六代	陈凯	男	2001年4月	中专	师承	2010年
第六代	刘乘杭	男	2001年10月	中专	师承	2010年
第六代	唐家辉	男	1996年12月	大学	师承	2011年
第六代	张达楠	男	1998年2月	大学	师承	2011年
第六代	林国森	男	1984年12月	中专	师承	2014年

（3）护院单刀拳谱

① 并步抱刀挂印
② 震脚左弓步虎爪藏刀
③ 丁步腋下藏刀
④ 缠头转身舞花
⑤ 左弓步扎刀
⑥ 马步横砍刀
⑦ 丁步腋下藏刀
⑧ 上步上撩刀花
⑨ 半马步扎刀
⑩ 退步刀花
⑪ 提膝磨刀
⑫ 弓步扎刀
⑬ 上步刀花
⑭ 抬腿跳步后下点刀
⑮ 缠头转身丁步腋藏刀
⑯ 丁点下点刀
⑰ 片马云刀
⑱ 横裆步藏刀
⑲ 上步上撩花
⑳ 裹脑转身
㉑ 弓步扎刀
㉒ 缠头腋下藏刀
㉓ 马步上架刀
㉔ 弓步上刺刀
㉕ 上步下砍刀
㉖ 上步上撩花
㉗ 摇身平云刀
㉘ 右弓步上架刀
㉙ 转身缠头刀
㉚ 左丁步腋下藏刀
㉛ 右丁步下劈刀
㉜ 独立步冲天刺
㉝ 横裆步下劈刀
㉞ 丁步腋下藏刀
㉟ 跳转身弓步背刀冲拳
㊱ 舞刀花
㊲ 马步上挑刀
㊳ 丁步腋下藏刀
㊴ 弓步牵马式
㊵ 震脚斜下砍
㊶ 高虚步腰胯藏刀
㊷ 并步收刀

（4）技艺特点

1）护院单刀属于长刃短兵器，各部位名称：①刀身；② 刀尖；③刀刃；④刀背；⑤护手；⑥刀柄；⑦柄首；⑧刀鞘；⑨刀袍（刀彩）。刀的长

1989年张文锁在演练
"护院单刀"

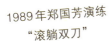

1989年郑国芳演练
"滚躺双刀"

度以练习者直臂垂肘抱刀时，刀尖不低于耳上端。

2）护院单刀是莆田南少林寺武僧为了反清复明和抵抗山贼匪盗，必练的器械套路之一。多从实战出发，动作朴实无华。其技法是：一手执刀，另一不持械的手，称为"配手"，它随刀法变化而亮出对称的掌或拳，用缠头裹脑动作相辅组成攻防招数，结合进退、闪转、腾跃等步法和身法。故有"单刀看手、双刀看步走"的说法。刀刃有劈、砍、斩、抹等多种攻击方法。刀背可做挑、挡、揽、挂、架等各种防护方法，刀尖大多用于扎、刺、撩等。刀盘起护手作用。单刀练法中有"缠头裹脑"以及腕花、背花和藏刀动作。步伐变换快速灵活，刀有所指，身有所行，刀走人随，刀转

2004年洪光荣在传授徒弟王清渊"护院单刀"

2004年洪光荣在传授徒弟王清渊"护院单刀"

人翻，身械合一，势正招圆。注重腕上功夫和身步法，劲力从刀身贯达刀尖或刀刃。拳谚曰："刀走黑、剑走青，刀如猛虎、剑似游龙"。这充分说明了刀的威武勇猛和凶狠锐利。遇轻击实：指刀对剑时，应避其虚击其实，因剑械较轻，变化莫测，擅长后发先至，而其实处一旦露形，则不易变化，易被刀所制。遇长兵器时，要逢重寻虚，因长兵器相对较重，气势凶猛，但械重就不易变化，势越猛其就越难回守，应避其实击其虚，眼捷步灵，果敢手快，要斜步偏身，避其重器，去其身手，达到短兵长用的最高境界。针对战场上遇敌手持长兵器的辅助套路练习有：单刀进枪。又称："短遇长、不用忙，刀遇枪、巧占先"。

六、青龙大刀

（1）历史渊源　莆田南少林寺的前身"林泉院"，坐落在层峦叠嶂中的九莲山麓，唐朝初年李世民登基后，辅公佑部将路得才在东南沿海一带聚众扰民。歹徒行踪不定，聚散无常，若派大军围剿，无异于拳头打跳蚤，劳民伤财，且难以奏效。唐太宗委命已封为大将军的少林寺方丈昙宗，派十三棍僧之一的道广带领五百僧兵入闽平暴。暴乱平息后，李世民念少林寺十三棍僧救驾和平暴之功，恩准在福建修建少林分寺，莆田林泉院由此成为南少林寺。

南少林寺秉承祖庭遗风，修禅练武，声名大振，武林俊彦纷纷来此切磋。清朝初年，有义士将它作为反清复明的基地，朝廷大为忌讳，派兵围剿。后因叛徒出卖，南少林寺被夷为平地，僧众多被杀戮，幸存武僧流落在江湖，暗中传授武学功夫，南少林寺的"青龙大刀"法就这样传至莆田民间。

（2）传承谱系

代别	姓名	性别	出生年月	文化程度	传承方式	学艺时间
第一代	僧和林	男	不详	不详	不详	不详
第二代	杨少奇	男	1880年	不详	师承	不详
第三代	兰少周	男	1898年1月	大学	师承	不详
第四代	洪光荣	男	1952年1月	大专	师承	1966年
第五代	吴鹤	男	1982年11月	大学	师承	1989年
第六代	王清渊	男	1995年5月	大学	师承	2006年
	杨镇志	男	1996年1月	初中	师承	2008年
	张熙	男	1999年1月	初中	师承	2011年
	林国森	男	1984年12月	中专	师承	2013年

1）名称来源。青龙大刀是古代战场上大将杀敌建功的著名长兵器，所以大刀有"百兵之帅"的美称。三国时，关羽擅使青龙偃月刀，有温酒斩华雄、过五关斩六将、关公面前耍大刀等典故，让关羽当之无愧地成为"刀神"，关公的拖刀斩更是绝世奇招。古今习武者也都非常敬佩关羽的人品以及他高超的武艺。关公喜读《春秋》，行《春秋》大义，因此他的青龙偃月刀也就有了"春秋大刀""青龙大刀"之美称。

2）大刀的构造。大刀种类繁多，其结构则基本相同，分为刀刃、刀背、刀身、刀盘、尾刃、尾尖及刀柄几部分。刀身长度约为五十五厘米，一面有刃，前锐后阔，刀根与柄连接处有刀盘，俗称"定手"；柄长因人的身高而异，刀背凸牙有孔，系挂红缨穗。柄贴刀盘处和柄尾处分别安装上二十厘米左右的铜皮。

3）技法风格。练习大刀者通常都骨骼壮实，身材魁梧，劲力饱满。技击方面，大刀的威力表现在锋利的刀刃上，其招数简单实用，一招一式体现勇猛、威武的英雄气概，主要砍杀对手的首级和手脚。青龙大刀重点要练好劈、抹、撩、斩、刺、压、挂、格等基本招式。必须精通长兵短用的灵巧打法。必须要擅长"顺人之势，乘人之力""旧力略过，新力未生""刚在他力前，柔乘他力后"。拳谚讲："单刀看手，双刀看步走，大刀

1980年洪光荣在演练"青龙大刀"

吴鹤在演练
"朴刀"

不离顶手"。就是说，练习大刀要把住定手（刀盘下面的包铜皮处）。

4）运用意义。青龙大刀在古代战场上常用在"开大阵，对大敌"的运动战中，而今火器代替了冷兵器，青龙大刀便脱离了军旅行伍，进入民间武术健身行列。青龙大刀外形瞩目，又有分量，舞动起来凛凛生威；其招法舒展潇洒，其气势威猛雄浑，其套路动作豪放，演练起来会产生一种英武、帅气的阳刚之美，所以特别受青壮年及少年人群的喜爱和推崇。常练青龙大刀，可以强筋壮骨，并培育出豪爽大度的气质。

（3）青龙大刀拳谱

① 左侧仰掌震脚
② 关公捋须
③ 勾踢提膝上扎刀
④ 弓步后下扫砍
⑤ 上步垫步左转身前上砍刀
⑥ 并步右横扎刀
⑦ 翻把抹刀
⑧ 左前上步下砍刀
⑨ 右上步扎刀
⑩ 倒插步后绞把
⑪ 后把上撞击打
⑫ 横裆步下劈刀
⑬ 提膝上扎刀
⑭ 横裆步斜下劈刀

⑮ 垫步上步上撩刀

⑯ 马步轮劈刀

⑰ 右侧垫步右侧刺刀

⑱ 右侧垫步轮下劈刀

⑲ 左提膝上扎刀

⑳ 转身倒插步背刀

㉑ 左上步左弓步下劈刀

㉒ 上步前舞花

㉓ 右转身右弓步推掌单手背刀

㉔ 左提膝上扎刀

㉕ 左转身跳下劈才（3次）

㉖ 并步右侧前扎刀

㉗ 退步舞刀花

㉘ 右弓步轮刀推掌

㉙ 右侧横扫刀

㉚ 左弓步上砍刀

㉛ 马步右侧砍刀

㉜ 左弓步右下劈刀

㉝ 乌龙摆尾（3次）

㉞ 左弓步上砍刀

㉟ 右转身左提膝背刀

㊱ 左转身下砍刀

㊲ 马步上下云刀

㊳ 左转身弓步上下云刀

㊴ 右腿前上踢斜上砍刀

㊵ 右转身横扫刀

㊶ 半马步右腿上挑踢刀

㊷ 左高虚步背刀

㊸ 并步拉须

㊹ 柱刀收式

徒弟林国森演练
"青龙大刀"

2017年徒弟林国森表演"青龙大刀"

七、佛祖棍法

（1）历史渊源　莆田位于福建的东南沿海，是著名的港口城市，这里人杰地灵，号称"文献名邦"。自古以来，莆田人就有出外闯荡的习惯，为适应不同环境、迎接各种挑战，人们习武防身，练功健身，不论童叟，皆好学拳棒，形成了独特的尚武文化。明朝中叶，倭寇的侵扰和乡族间的争斗，更增添了邑人的习武意识。莆田人既业文，又习武，男女老少练武成风，爱武成潮，高手辈出，拳术和器械套路繁多，武术交流切磋从不间断，位于莆田城东北十七公里处九莲山的南少林寺以其精湛的棍法吸引了民间高手，而莆田大地上现今流传的佛祖棍法便起源于莆田南少林寺。

清朝末期，莆田萩芦人杨少奇得到南少林寺被焚烧后劫后余生的武僧的真传，学成佛祖棍法，并开馆授徒，这一寺院佛门功夫便传入莆田民间。

（2）传承谱系

代别	姓名	性别	出生年月	文化程度	传承方式	学艺时间
第一代	僧和林	男	不详	不详	不详	不详
第二代	杨少奇	男	1880年	不详	师承	不详
第三代	兰少周	男	1898年1月	大学	师承	不详
第四代	洪光荣	男	1952年1月	大专	师承	1966年
第五代	吴鹤	男	1982年11月	大学	师承	1989年
第五代	姚玉棋	男	1951年9月	高中	师承	1978年
第五代	陈绍俊	男	1976年4月	高中	师承	1995年
第六代	王清渊	男	1995年5月	大学	师承	2006年
第六代	陈凯	男	2001年4月	初中	师承	2010年
第六代	刘乘杭	男	2001年10月	初中	师承	2010年
第六代	唐家辉	男	1996年12月	大学	师承	2011年
第六代	张达楠	男	1998年2月	大学	师承	2011年
第六代	林春杰	男	1966年1月	初中	师承	2010年
第六代	林国森	男	1984年12月	中专	师承	2013年
第六代	张华仙	男	1984年5月	初中	师承	2014年
第六代	张振华	男	1985年7月	初中	师承	2014年

（3）佛祖棍法拳谱

① 挑棍下山

② 礼佛定棍

③ 高虚步抱棍

④ 转身扫棍

⑤ 上步挑棍接前点棍

⑥ 转身半马步劈棍

⑦ 上步反把

⑧ 独立步盖把

⑨ 倒叉步左右点棍

⑩ 单蝴蝶步下截棍接挑裆棍

⑪ 半马步下截棍

⑫ 跳上步反把

⑬ 插步绞棍

⑭ 反身丁步下截棍

⑮ 进步扎棍

⑯ 再进步挑棍

⑰ 横档步上架棍

⑱ 里合接独立步上挑棍

⑲ 丁步下截棍

⑳ 上步扎棍

㉑ 弓步上架棍

㉒ 穿心腿

㉓ 丁步下截棍

㉔ 半马步扎棍

㉕ 舞花接劈地棍

㉖ 骑龙步挑裆棍

㉗ 上步反把

㉘ 盖步前后点棍

㉙ 独立步回头棍

㉚ 盖把

㉛ 左右双头击棍

㉜ 左独立步点棍

㉝ 左方向连环上步连环挑棍

㉞ 右方向连环上步连环挑棍

㉟ 右独立步点棍

㊱ 转身丁步推掌背棍

㊲ 丁步绞棍

㊳ 倒插步反手点棍

㊴ 弓步拿、扎、棍

㊵ 横档步回马棍

㊶ 并步扎棍

㊷ 马步上抛棍

㊸ 云棍

㊹ 高虚步后推棍

㊺ 立地成佛

㊻ 收式

（4）技艺特点　棍法是少林功夫名扬天下的武艺，少林寺武僧们最早使用的兵器就是棍。最初，寺僧"慈悲为怀"，忌讳于手执刀枪之类的铁制兵器，而棍是寺僧们的生产劳动工具之一，又易于携带，便被当作随身防范山贼匪盗的武器。相传，元末少林寺烧火和尚紧那罗惊退红巾军用的是烧火棍；明代中期，僧兵抗倭，所用兵器也是棍。载入史册的少林寺十三棍僧助唐王打败王世充，用的也是棍，少林棍几乎成为少林功夫的象征，至今少林寺僧仍将少林棍术视为"镇山绝技"。而程宗猷所著《少林棍法阐宗》堪称明代少林棍法的经典之作。

1）风格独特　佛祖棍法是莆田南少林寺武僧流传于莆田民间的优秀长兵器之一。它攻防凶猛迅速、灵活多变，防守中蕴含进攻之势、进攻中巧含防守之窍。力道通过腰、腿、马、腕的合力直达棍梢,击打对手的有关穴位而致对手重伤。佛祖棍法带有北派少林枪法中的拦、拿、扎等招式,独特实用,有别于其他流派的棍术,而套路整体则突出南方人机巧灵变的性格和个头偏矮小的特点,所以步法稳扎稳打,棍法中藏有枪法,恰如拳谚所云:枪扎一条线,棍打一大片。

① 技法丰富。佛祖棍法主要采用劈、绞、挑、架、扫、反把、盖把等招式,并揉入了枪术中的拦、拿、扎,而杨家枪的回马枪这一招融入本棍法之中更是暗藏杀机。其步型有马步、弓步、高虚步、半马步、骑龙步、丁字步、单蝴蝶步、盖步等,多变的步型更利于招式的转换变化。

② 目标明确。佛祖棍法以敌方的八会穴为主要攻击目标,这八会穴就是脏、腑、气、血、筋、脉、髓、骨等精气所会聚的腧穴,包含五脏之会的章门穴、六腑之会的中脘穴、髓之会的绝骨穴(即悬钟穴)、筋之会的阳陵泉穴、骨之会的大杼穴、脉之会的太渊穴、血之会的膈俞穴和气之会的膻中穴。这些穴位在人体的气血营卫运行中各司其职,俱为要害之所在。

2)运用意义　佛祖棍携带方便,其独特的技法在防身技击方面极具威力;而坚持习练此棍法,内可濡养脏腑,外可活动筋骨,有效促进人体气血的通畅运行,增进新陈代谢,具有十分明显的健身效果。

整套动作刚劲大方,攻防结构合理紧凑,习练时是强身健体的好工具,遇险时是防身自卫的好器械,佛祖棍法在莆田武术界深受欢迎。

吴鹤:男,1982年出生,中国武术6段,中级教练职称,跆拳道运动健将,柔道国家级裁判,空手道一级裁判、跆拳道一级裁判,曾入选中国跆拳道国家队备战悉尼奥运会,曾获全国冠军赛季军,多次荣获福建省锦标赛冠军。擅长传统武术、散打、拳击、跆拳道和柔道。曾代表福建省武术团出访新加坡、中国香港等地表演。培养、输送多名福建省锦标赛冠军和一级运动员。1998年和2007年被莆田市委、市政府分别授予"优秀运动员"和"先进体育工作者"。2017年被莆田市人民政府授予"第四批非物质文化遗产项目莆田南少林武术(佛祖棍法)代表性传承人"。

吴鹤在传授"佛祖棍法"

吴鹤演练"佛祖棍法"

吴鹤在传授徒弟王清渊、刘乘杭"佛祖棍法"

吴鹤和陈绍俊在进行"佛祖棍法破扑刀"的对练

清乾隆五十年"千叟盛宴"的御赐拐杖上半节图

陈绍俊在演练"佛祖棍法"

1989年张文锁、郑国芳演练三节棍进佛祖棍法

八、九节鞭

（1）历史渊源

1）嵩山少林寺十三棍僧之一的道广和尚率五百僧兵入闽平寇后，依恩宗方丈偈语所云"傍海平盗日月久，九莲山下有宿头。南北千里同一寺，大乘禅在心中留"，寻得周边有九莲山峰、地形酷似嵩山少林寺的莆田林泉院，扩寺定居，并驻养僧兵，是为南少林寺。各路英雄好汉闻名而至，武林中各门派高手也常来切磋，南少林寺中武僧由此武技长进。后有一位叫僧和林的武僧，精于"九节鞭"，广得胜誉，便将此技传承下来。

在古代，大刀、枪、剑、棍、戟、双锏、锤、月牙铲等是战场上的主要厮杀武器，九节鞭只作为暗器使用。

2）1968年的一天，江湖艺人王景春老师在街上摆场子练把式。他舞动十一节鞭，里拐肘，外拐肘，骗马，缠脖鞭，二起脚抛鞭再接鞭，博得观众阵阵喝彩。围观人群散后，洪光荣起惺惺相惜之心，久立不去。二人一经交谈，甚感投机。得知洪光荣曾随莆田武术界名人兰少周练过九节鞭，王景春老师便应洪光荣之请，花两个晚上时间，将自己所精研之九节鞭法传授于他。据《福建武术人物志》记载：王景春老师为河南襄城县人（1917—2002年），7岁随其父（王清元）习练心意拳，后又师从多位名师，1936年参加华北国术散手比赛，1940年在重庆参加全国国术比赛并获奖，还曾在军队担任武术教官。他擅长技击、形意拳、醉八仙，精于双刀、九节鞭、拂尘剑以及阴阳铁扇。

3）1975年，洪光荣作为福建省武术队成员，参加在北京举行的全国第三届运动会，期间江苏代表队的彭贵州老师也把自己的拿手项目九节鞭悉心传教给洪光荣，至此，洪光荣已熟练掌握三位老师大同小异的九节鞭套路。全运会后，福建省武术队和举重队在闽西北老革命根据地的长汀县、连城县、龙岩市、清流县、三明市、永安县等县市巡回表演，洪光荣表演了莆田白鹤拳、滚趟双刀和九节鞭。队友庄昔聪表演了地趟拳、四路奔打和枪术，孙志庆（又名：孙庆）表演了通背劈挂拳和南拳，施载煌表演太极拳，高娅表演双剑和峨眉刺。

（2）传承谱系

代别	姓名	性别	出生年月	文化程度	传承方式	学艺时间
第一代	僧和林	男	不详	不详	不详	不详
第二代	杨少奇	男	1880年	不详	师承	不详
第三代	兰少周	男	1898年1月	大学	师承	不详
第四代	洪光荣	男	1952年1月	大专	师承	1966年
第五代	吴鹤	男	1982年11月	大学	师承	1989年
第五代	吴晨燕	男	1968年4月	大学	师承	1990年
第六代	吴敏	女	1979年4月	大专	师承	1996年
第六代	王清渊	男	1995年5月	大学	师承	2006年

（3）技艺特点

1）结构 九节鞭属软兵器，由鞭把、鞭头以及铁环串连九节（亦有七节、十一节、十三节等）金属短棍而成，统称九节鞭；短棍形状有棱形、锥圆形等，各节间由三个铁环串连，靠近鞭头和鞭把处，分别缚饰鞭彩。

九节鞭的握法有阴阳之分，若以右手握鞭，握鞭手的虎口与节把相串处为"阳把"鞭，反之为"阴把"鞭。鞭的长度以本人手握鞭把齐肩直立、鞭头可触地者为最佳，重量也因

1976年洪光荣在演练"刀里加鞭"

人而异；平时携带可系于腰间或肩背。

2）技法　九节鞭主要是以缠绕、立圆抡、抡扫、地趟鞭、抛鞭以及各种舞花动作组成套路，其基本招式有：里外拐肘鞭，缠脖鞭，背鞭，骗马鞭，金丝缠腕，苏秦背剑，披红鞭，扫鞭，抛鞭，腰带鞭，裆下鞭，地趟鞭，单手花，双手花等。

拳谚曰："巧打流星，顺打鞭。"九节鞭多以圆的运动轨迹来演练，以身体有关部位作为支点，完成攻防招数，所以，要求身械高度协调，充分运用身体各个关节的杠杆作用，有效、迅速、灵巧地加快或改变运动轨迹，必须做到：贴身即出，贴身即变。拳谚曰："鞭是一根绳，全靠圆贴身，缠无力则松，绕不快则滞，巧缠劲力顺，步活添精灵。"演练时须意到、鞭到、力到、身到，凭借鞭身巨大的离心力和坚硬的鞭头，发挥惊人的杀伤力，轻者使对手骨断筋折，重者置对手于死地。

九节鞭属于软兵器，较难驾驭，而一旦熟练掌握，用起来得心应手，其威力不可小觑。

2006年洪光荣在演练"刀里加鞭"（此招为"顶天立地"式）

九、椅条拳法

（1）历史渊源　矮脚长板凳为日常家居及一些店铺中常用之物，这种板凳通常高一尺半，凳面长三尺许，莆田坊间形象地称之为"椅条"。有武林中人别出心裁，将其作为易于就地取材的武器，创出攻防兼备的技击招式套路，其技法流传至今，至少有几百年。在我国的鄂、湘、黔、滇、蜀等地区，尤其是布依族、土家族、苗族等少数民族居住地，活跃着不少精通"板凳法"的高手，他们奉清朝雍正年间江南大侠甘凤池为祖师爷，而现今在莆田武术界广为流传的"椅条拳法"则源于南少林武术。

清朝初年，莆田南少林寺被官兵火烧夷平，有几位寺僧武艺高强，杀出重围，隐遁于莆田民间，且暗中联络江湖义士，意欲重整旗鼓，东山再起，清朝官府因此对南少林武术忌讳甚深。据传有一天，僧和林在茶肆中与人饮茶议事，有密探欲邀功请赏，就向官府密告僧和林聚众谋反。一众官兵闻报赶来，因惮于僧和林武功高强，就包围了茶肆。僧和林见形势危急，霍然立起，一脚挑起所坐板凳，双手接住当兵器，迎上前去，同时招呼伙伴撤离。官兵见他们手无寸铁，一哄而上。僧和林抡动板凳，左挥右舞，杀退官兵，掩护众人脱险。此战令人大开眼界，而随从徒弟杨少奇更是佩服有加，渴望得到师父真传。僧和林念其忠义善良，聪慧过人，也就倾心传授，在教其学成"椅条拳法"后，特意留下秘笈，授其拳诀："椅条勇猛威力大，兵器丛中也称雄，软硬家伙全不惧，过招谨防湿布条。"诀中所谓"湿布条"，乃浸水后的湿布带，因湿布条会紧紧地缠住椅条身，使其不能施展招数故为之忌。尽管如此，椅条仍不失为一种御敌防身之良器，习练有素、施展得法者，一凳在手，数十人不易近身，且板凳为生活中常见之物，可就近取用，免了随身携带之赘，所以至今仍受诸多习武之人欢迎。

莆田的"椅条拳法"分别由两位著名拳师杨少奇及"瞎子添"所传承。

两家拳法的技艺内容及攻防法度大同小异,但各有千秋。传承至今的代表性人物有:洪光荣、吴鹤、朱圣熙、何文水、方俊鹏、吴炳回等人。

（2）技艺特点

1）材质结构

① 以硬质木材为佳,在莆田民间崇尚用"铁梨木"制作。相传古时南少林寺武僧所使用的"南棍"和所演练的"椅条"都是采用"铁梨木"制作成品后,再放置于药物熬汤的石槽中浸泡七七四十九天,若被浸泡过的"南棍"和"椅条"所击打,骨头会淤黑而坏死。

② 椅条的高矮长短,因人而异,一般椅长为110厘米,宽为16厘米,高为45厘米。

2）部位称谓

① 握凳靠近身体处称为"内侧",反之称为"外侧"。

② 凳之两头称为椅条头。

③ 凳之四只脚称为椅条脚。

④ 凳面之平面称为椅条面。

3）基本招法

① 单手握凳称为单把式,双手握凳称为双把式。

② 招法有撞击、轮挑、上架、下挡、上撩、下砸、横扫、缠绞、勾拐、椅花等,结合马步、弓步、虚步、跪步、倒插步、转身跳步组成套路。方法简单实用,招式粗犷勇猛,结构严谨缜密,擅用吼声助势。虽然不属十八般兵器之列,但确是武林一奇葩。常年不懈坚持演练,必然会悟得其中奥妙,不但可以防身御敌,而且有益于气机通达、血液流畅,有益于强肌肉、壮筋骨,有益于增强肺活量。对腰腿、手臂、手腕、颈部肌肉以及疏通人体各关节血脉均有显著效益。

③ 过招应对长、重兵器,多采用双把式,以增强力度,有效抵御,快速反击。

（3）莆田杨少奇传承"椅条拳法"拳谱

① 并步五湖四海礼
② 震脚单腿上挑椅
③ 双把式和尚撞钟
④ 弓步举鼎上架
⑤ 巧蹬窝心腿
⑥ 右撩左轮椅
⑦ 倒插步椅脚缠绞
⑧ 上步千钧下砸
⑨ 马步椅脚上挑
⑩ 横扫千军万马
⑪ 转身跳步云轮
⑫ 落步倒提金钟
⑬ 勾拐直撞钟
⑭ 下挡护下身
⑮ 左挑右砸天灵盖
⑯ 单把式单轮挑
⑰ 拍按椅条面
⑱ 转身肩臂顺横扫
⑲ 双把式上撩
⑳ 右侧边架格
㉑ 跪步下勾脚
㉒ 马步上挑球
㉓ 扎营片马腿
㉔ 单把式倒勾金钟
㉕ 辟天盖地式
㉖ 前后摇橹式
㉗ 左提膝侧边架
㉘ 虎尾甩鞭式
㉙ 上轮下劈式
㉚ 马步椅上挑
㉛ 退步三绞式
㉜ 上步直撞钟
㉝ 顺手挑大梁
㉞ 木锄掘金条
㉟ 倒插步肩扛虎凳
㊱ 五湖四海皆兄弟

吴炳回演练方俊鹏传授的"椅条拳"源自：湄洲日报 记者吴伟锋

第二节

黄飞鹏习传拳械

1.历史渊源

南少林鸣鹤派拳械是福建南拳七大流派之一,"白鹤拳"为其宗拳,后经发展,演变为鸣鹤、飞鹤、食鹤、宗鹤四种。历代相传过程中,这些拳种在技术风格上不断创新,当今的"黄氏南少林鸣鹤拳·械",其谱系是由潘于八传给谢宗祥(清朝时期),再传至陈圣标(民国时期),三传于高足黄飞鹏;著名拳师黄飞鹏又传承给黄秀玉、黄国雄、黄武龙等子孙辈。该拳种现为莆田市"非物质文化遗产"。

2.传承谱系

黄氏南少林鸣鹤拳·械源于"白鹤拳",经历世代传承和发展,其传承谱系如下。

代别	姓名	性别	出生年月	文化程度	传承方式	学艺时间
第一代	潘于八	男	不详	不详	不详	不详
第二代	谢宗祥	男	清朝期间	不详	师承	不详
第三代	陈圣标	男	1887年	不详	师承	不详
第四代	黄飞鹏	男	1926年	不详	师承	不详
第五代	黄秀玉	女	1952年	不详	族传	不详
第五代	黄国雄	男	1954年	不详	族传	不详
第五代	黄国彬	男	1955年	不详	族传	不详
第五代	黄国清	男	1960年	不详	族传	不详
第五代	黄国强	男	1967年	不详	族传	不详

3.代表性传承人

黄飞鹏：原福建省武术协会荣誉委员，莆田武协顾问、八闽武术界知名老拳师，中国武术六段，1958年参加福建省武术观摩竞赛获鸣鹤拳、六合枪优秀奖。

黄秀玉：武术教授，中国武术七段、原福建省武协常委，历任高校武术代表队教练和福建省武术比赛裁判长，著有《鸣鹤拳·械》等书。

还有黄国雄（中国武术七段）、黄国彬（中国武术六段）、黄国清（中国武术六段）、黄国强（福建省民间武术教练）、黄武龙（中国武术五段）、李奇虎（国家一级武术裁判）。以上全家族八位都载编入福建人物志。

4.分布区域

莆田、福州、永春、泉州等地区及国内外。

5.相关套路及制品作品

南少林鸣鹤拳·械内容丰富，套路繁多，拳法套路有鸣鹤拳、鸣鹤拳对练；器械套路有鸣鹤扁担法、鸣鹤钩镰枪、鸣鹤春秋大刀、鸣鹤棍、鸣鹤梢子短棍、鸣鹤刀、鸣鹤三叉耙、对练等，计十种套路。鸣鹤拳·械演练中既有刚柔之美，又潜藏杀机，是一种以形为拳、以意为神、以气催力、拳械猛烈、富有阳刚特点的拳种。

（1）鸣鹤拳三战 鸣鹤拳的"三战"上肢动作较多，主要以五行手法，即金、木、水、火、土变化为主，下肢以三角步为多，其套路仅13个动作，短小精练，凝聚了练拳者多年习武经验之结晶，被视为"拳母"，练好三战，能为其他的套路练习奠定基础。

三战的兴化方言变音为"三正"，即为头正、身正、步正，又曰"三变"，即为手变、身变、步变。其技法有圈手、撇手、挡手及冲拳等。作为拳母，它讲究桩步与拳势、稳健与力量的辩证统一，动作简单，却要求练得功力深厚。

演练者：黄飞鹏，男，拳医师，中国武协会员，中国武术六段，福建著名老拳师。

（2）鸣鹤拳 鸣鹤拳有42个招式，整套拳路中，均以形为拳、以意为神、以气催力，以劲取效；其拳势猛烈，常发声以助力，故有鸣鹤之称。该拳种刚柔相济，力道猛，劲道足。其技法特点如下。

① 攻防兼备，招式多变。

② 身法要求肩如龟、腹如虾、腰如龙、胯如猴。

③ 步法要求如猫窜、如狗闪，多走三角步、鹤步，如拳诀所云"马似踏龙"，其技术风格是拳势迅疾，如《鸣鹤拳谱》中所云"拳术全靠快打慢、步步有解、急步难防"，体现在技击中就是内静外猛，"千拳归一路，打人只一下"。

演练者：黄国雄，中医师，中国武术七段，国家级社会体育指导员，原福建省武协委员、莆田市武协副主席，现任莆田南少林武协常务副秘书长、涵江区武协会长。

（3）鸣鹤拳对练 鸣鹤拳对练有35个动作，由两人以各种不同的技击方法进行攻防性的实战练习。

演练者：黄武龙与李奇虎、黄国雄与黄国彬。

（4）鸣鹤扁担法 扁担原为用来肩挑重物的农具，民间拳师结合技击术，将它演变成为一种自卫防身的武器。鸣鹤扁担法计有64个招式，含戳、撩、挂、点、崩、拨、劈等多种动作。其技法多变，两端皆可用，力道猛势头足。技法特点如下。

① 握法：扁担法灵活善变，由于扁担身扁平稍宽，故前手只抓捏扁担半边，以防手指为对方所伤，而后手则握紧扁担身。

② 两端可用：扁担两头构造相同，其一头能做的动作，另一头同样能做，只要正确握把、换把，阴阳交替，就能左右逢源，前后攻防兼备。

③ 力足势猛：扁担长达五尺有余，横抡竖劈中，利用滑把，加长抓握点与着力点的距离，会使力道更大更猛。

演练者：黄秀玉，女，武术教授，福建莆田涵江人，历任福建省高校武术教练及省武术比赛裁判长，著述甚丰，先后任《高校武术教程》副主编，《木兰拳》副主编、《鸣鹤拳·械》主编，编著了《福建南拳》VCD等部著作和教材。硕士生导师，指导多届外国武术进修生。

（5）鸣鹤钩镰枪 钩镰枪属于长器械，整把枪的长度比持枪人的身高高出二尺有余；除枪头和枪杆外，枪头边还有钩镰，长约10厘米。鸣鹤钩镰枪计有20个招式，含拦、拿、扎、挂、点、崩、拨等动作。技法特点：执枪时，前手握棍时灵活前后拿控，后手作钳夹，前刺扎枪时，前手掌控枪身运行路线，同时让枪杆可在掌中滑行，后手则握紧前推，直触及前手，枪尖出击快、直、准。前手握棍时灵活前后拿控管套，后手执枪把回抽时迅捷自如。前手握枪有松亦有紧，松时枪杆可在掌中滑动无碍，紧时把定枪身，增强攻防力量。

枪有一寸长一寸强的优势，可以远距离攻袭，但也有长一寸难一寸的缺陷，用起来务必扬长避短。对战中若单以枪尖进攻，其攻击面太小，对方易于避开，所以枪杆常被当作棍使用，架、绞、扫、盖、压并用，长兵短用，让枪的每一部位都能发挥作用。

而钩镰枪在枪头多出了一道钩镰，就能在回招中变化出攻招，于防守时表现出攻击性。所以，相对于普通枪术而言，钩镰枪的招式更为复杂多变，而步法也如游蛇，进退裕如。

演练者：黄武龙，男，医师，莆田涵江人，中国武术五段，一级武术裁判，曾获福建省中学生运动会武术太极拳冠军，福建省第七届农民运动会鸣鹤哨子短棍冠军，钩镰枪银牌。担任过涵江区武术比赛裁判长。

（6）鸣鹤春秋大刀　鸣鹤春秋大刀有30个动作。技法大多为劈、砍、挑、拖、回马刀等。

演练者：黄国彬，男，莆田涵江人，著名老拳师，中国武术六段，1980年参加福建省武术观摩大会获一等奖，参加福建华夏传统武术邀请赛获金奖，多次在莆田南少林传统武术交流大赛获金奖。

（7）鸣鹤棍　鸣鹤棍有23个招式，含劈、挑、摔、戳、拨、压、横扫等动作。技法特点如下。

① 梢把兼用，是鸣鹤棍套路的一大特点。正确地握棍和灵活地换把，能使得棍法攻防严谨，充分发挥鸣鹤棍梢把兼用、纵横悠忽的特色。

② 棍法灵活，是鸣鹤棍技法使用的要诀，其基本执棍之法有阴把法、顺把法、阴阳把法等，各种把法灵活使用，就使得整个套路显示出"浑身藏法，棍法多变"的特点。

③ 力猛劲足，是因为鸣鹤棍有一定长度，套路动作简单朴实，一般都是直来直去，故发力短促，力点集中，动作紧凑严谨；运气中的气沉丹田和运用胸腰的吞吐、屈伸等身法，顺势借力，让劲力发挥到极点。

演练者：黄国强，男，莆田涵江人，福建省民间武术教练，原福师大武术客座教练，1987年参加福建省武术、散打竞赛获太极剑第二名，参加福建华夏首届传统比赛获金获。

（8）鸣鹤扁担七步法对练　鸣鹤扁担七步法对练，两人各执扁担，或攻或防，每个回合甲乙双方对练七步，是对抗性极强的一种实战训练。

（9）鸣鹤刀　鸣鹤刀法多用劈、过头、翻砍、拦挑等刀法，通过跳跃、马步、仆步等步法完善刀法的攻防。通过练习该刀法，可达到强身、健身和防身的目的。

演练者：黄国清，男，莆田涵江人，民间师承医师、中国武术六段、国家一级社会体育指导员。

（10）鸣鹤梢子短棍　鸣鹤梢子短棍是福建南少林鸣鹤拳中一种独特的短器械，持棍着地，高不过胸。其套路内容朴实，攻防合理，简单实用，计有46个招式，分四段，多用撩、拨、截、绞、后扒等法。

技法特点如下。

① 持法丰富：棍子不长，分梢、中、把三段，把位明朗。其基本握法有开握、并握、顺握、交叉握、双阳握、双阴握等等。

② 用棍灵巧：用棍之法有换把、滑把、掉把等，可盖、截、撩；把法变则招术变，攻防变化叵测。

③ 快疾迅猛：由于梢子棍身短而细，无尖利可言，故而多采用托、劈、撩、截、点等棍法，速度快，动作连贯，变动灵活，又能利用短棍在运动

中产生的惯性和弹力,顺势助力,因而显得迅疾凶猛。

演练者:李奇虎,男,武术副教授,国家武术一级裁判。

第三节

何锦民习传拳械

何锦民(1945—2016年),出生于仙游县鲤城东门社区一个武术世家,中国武术六段,其所习套路有孤枝、双战、三花、四门、百水灵等,尤擅霞苑苦溪拳及恤坪杖法。

2006年在"全国武术之乡"武术比赛中,获得拳术第一名、器械第一名。近年来,其武术套路曾在中央电视台第四套"走遍中国"栏目和福建东南电视台上播放。

(1)霞苑苦溪拳 该拳种演练要领如下。

1）姿势四平八稳，尤其表现在腾越后的定势。

2）演练套路时，着重注意踢、打、摔、拿等攻防的技击动作，身体各部位准确合理，力点清楚。

3）演练过程中，吞吐、闪展、冲、撞、伸缩、挤靠等一系列动作要协调，上下相随，以腰为轴，根据各种手法、脚法、步法的需要，或拧转、或俯仰、或收放。

4）手眼相随，眼到手到，形神兼备，凝聚劲力，化作提、托、沉的气势，将发劲的原理运用在拳、掌、指上，真正做到动静、虚实、柔疾六字诀的体现。

（2）恤坪杖法　该拳种手法丰富，挥洒自如，有开、合、崩、劈、点、扎、拨、撩、缠、带、滑、截等技法。

（3）套路特点　出如兔脱，退似龙回；刚柔相济，动静相对。

何锦民演练宿鹤拳

何锦民演练恤坪杖法

第四节

林志平习传拳术

林志平，中国武术七段，1973年在家乡莆田跟随地方拳师学南少林拳"三战""撩手"，1978年在武夷山跟随漳州籍林天龙拳师学"太祖拳"，同年跟随仙游籍余开荣拳师学永春白鹤拳及双锏，1982年随莆田籍拳师郑永森学杨式太极拳及太极推手，1984年跟随原福建省武术教练曾乃良老师学四十八式太极拳，1989年在北京国家武术研究院师承杨振铎、张继修、孙剑云及阚桂香学习杨式、陈式、孙式太极拳等。

（1）传习推广　2009年，经福建省武术队总教练戴林彬及原北京武术总教练吴彬老师引荐，林志平拜北京祝大彤为师，学习自然太极拳；2010年起，该拳种在莆田由祝大彤师父亲为传授，后通过林志平代师传艺，得以推广。

（2）文化内涵　传统太极拳文化是以老庄哲学、易经学为基础来指导身心修炼的中国古典哲学，发端于中国古老的辩证思维，融合了道、释、儒三家学说及行拳者自身的思想体会，几经探索发展，又徜徉于辩证思维的顶尖端。其文化意义不只是停留于外形上枯燥无味地练一练拳架，演练太极拳者将其思想意念附着于端庄的姿势和行云流水般的动作上，一呼一吸间都在吞吐着丰厚的文化底蕴。

文化太极的内涵恰如阴阳之变化，又似日月星辰之运行，举动轻灵，上下相随，内外相合，虚实变化，用意不用劲，妙手空空——妙极之处不可尽言。故修练太极拳不仅要靠老师启蒙引入，其内功修炼，更需要学者凭着自身对太极拳的认识和理解去修悟，悟道才是自己的功夫。

（3）修炼要旨　修炼者之悟道，简言之，即由"着熟"而"渐悟懂劲"，由懂劲而阶及神明。修炼者的"着熟"极为重要，学者须始终坚定，坚持从道法、心法、拳法等三个方面去练去悟，此为修炼太极拳内功的准确途径。

1）道法　太极拳运动从唐代李道子著《授秘歌》起，算来已走过千余年的历程，晚清发展到鼎盛时期。陈鑫、宋书铭两位先贤是清初跨时代的太极大师，太极拳理论家。他们的拳论字字珠玑，脍炙人口，像"掤、挤、按世间稀，十个艺人十不知。果能粘连黏随字，得其怀中不支离"；"轻灵活泼求懂劲，阴阳即济无滞病"；"无形无象，全体透空"；"万象包罗易理中，浑然无迹，妙手空空"；"一引一进，奇正相生"；"柔中富刚，人所难防"；"每日细玩太极图，一开一合在吾身"；"返真归来以后，就是活神仙"；"其大无外，其小无内"；"秀若处女，不可带张狂气，一片幽闲之神，尽量大雅风规"。道法如山，研究拳理是深得道法的前提。陈鑫大师在《学拳须知》中提及"学拳先学读书"。书理明白，学拳就容易了，可见学拳明理至关重要。

2）心法　学练太极拳要有一个平和的心态，不可这山望着那山高，想经络想血道，想这想那，什么拳也练不精。关于习练太极拳心法，金庸先生在吴公藻《太极拳讲义》的"涉"中写道：练太极拳，练的主要不是拳脚功夫，而是头脑中、心灵中的功夫。如果说以智胜力，恐怕还是说得浅，最高境界的太极拳甚至不求发展头脑中的"智"，而是修养一种冲淡平和的人生境界，不是以柔克刚，而是根本不求"克"。脑中时时存着一个克敌对手的念头，恐怕练不到太极拳的上乘境界。没有平和安静的心态，要想练好太极拳是困难的，所以，我们提到"和谐太极"这是太极文化的特性。

3）拳法　练太极拳需改变固有思维、改变陈旧观念，以常人的思维和观念很难领悟到太极拳的特性，通俗点说，需要逆向思维才能练好太极拳。

综其要旨，自然太极拳的修炼要领有以下几点。

① 意念与动作统一，先意后动，不用劲力，妙手虚空。

② 双脚平松着地，而非踩地，轻盈腾虚。

③ 阴阳变转，虚实渐变，弧线运行，力点不生，虚静为本。

④ 周身大小关节逐节放松，且节节贯串，五脏六腑及十四条经脉通畅无阻，气道、血液大小管道顺通，心、神、意、气松静。

⑤ 心与神通，神与道一，退去本力，注入内功。太极拳有自身的运动规律和运行轨迹，人类有人类的运动轨迹和运行轨迹。因为人类的主观主动随时表露出来，这种主观和主动是人类习惯性的生活规律的表现。人类活动跟太极拳是不相融的，要习练太极拳，就要放弃固有的运动规律和运动轨迹，服从于太极拳的运动规律和轨迹，不能主观主动。行功练拳应该运用减法，被动练。一句话，让太极拳练你，不是你练太极拳。

自然太极拳运动的是肌体，运行的是意念，貌似平缓的动作中，可以读出波澜壮阔的气势，隽永深长的气韵，可谓奥妙无穷！

2009年林志平参加海峡两岸传统武术交流
大会莆田会场表演"太极剑"

林志平松功拳照

2012年林志平在南少林武术节上表演太极剑

林志平代师授徒

2017年日本冲绳代表团来访时林志平表演太极松功

第五节

蔡永希习传拳械

蔡永希（1952年—），莆田南少林武术协会副会长，中国武术六段。1967年投于"五八"派的拳师林庄门下习练南少林白鹤拳，并与师父长子林玉树亦学亦练，后又向师伯兰少周请教多种武技，还学得硬气功等，五十年来苦练不辍。近年来，多次在大型武术比赛中获奖。

蔡永希熟练掌握桂麟拳、金虎掌、白鹤拳、双铁尺、一路对练及双铁尺进南棍等多种技法套路，招式明晰，动作流畅，攻防严谨；其武风剽悍而又不失灵巧，刚中寓柔，且常于行拳中发声助力。他曾在莆田各地及永安市、清流、明溪等地收徒传授这些莆田武术。

一、桂麟拳（传自林庄）

（1）套路招式

① 落身插骨
② 将军挂印
③ 铁锤入石
④ 单肢采手（4步）
⑤ 犀牛献角
⑥ 拧身铁扁担
⑦ 下山摘竹
⑧ 龙虾出港
⑨ 冲身牙
⑩ 扣练
⑪ 大帝斩腰
⑫ 乌云盖顶（2步）
⑬ 猫仔洗脸
⑭ 中门
⑮ 右门
⑯ 左门
⑰ 单肢采手
⑱ 抱手
⑲ 采超
⑳ 拒虎
㉑ 麒麟保口（4步）
㉒ 小撩手
㉓ 拢勾手
㉔ 吊膝
㉕ 钟鼓齐鸣
㉖ 罗艺手
㉗ 桂麟截（2步）
㉘ 罗艺手
㉙ 挂印（请拳）

（2）套路特征　动作简练，善于短打、擒拿，准确击打对方穴位，快速有效制敌，动作一招多用，如单肢采手，可用手指戳对方眼睛，若手被对方捉住，即用反擒拿法，翻腕脱开，再反捉对方之手，或用过乩解脱之术再攻打对方；若对方在戳其眼睛时起腿踢蹬，则可用缠绕手下拨，将其揭倒。

二、金虎掌

（1）套路招式

① 猛虎出山
② 将军挂印
③ 老虎巡山（右）
④ 左右献掌
⑤ 饿虎夺食
⑥ 老虎洗脸
⑦ 雄鹰展翅（左）
⑧ 连环掌（左）
⑨ 雄鹰展翅（右）
⑩ 连环掌（右）
⑪ 猛虎入怀金刚掌（2动）
⑫ 转身金刚掌
⑬ 飞虎夺食
⑭ 虎罩掌（2动）
⑮ 黑虎掏心
⑯ 侧身断魂掌
⑰ 虎爪戏球
⑱ 老虎巡山（左）
⑲ 霹雳掌（2动）
⑳ 冲身掌（2动）
㉑ 老虎弹脚
㉒ 左右双劈
㉓ 罗汉推山
㉔ 虎扑掌
㉕ 跳步千斤坠
㉖ 老虎巡山（右）
㉗ 龙虎掌（2动）
㉘ 过乩
㉙ 霸王开弓
㉚ 猛虎噙羊
㉛ 推山掌
㉜ 转身连环掌
㉝ 翻爪献掌（2动）
㉞ 转身过乩
㉟ 挂印（请拳）

（2）套路特点　以掌为主，以气催力，勇猛快速制敌。一招多用，一招制敌。如虎罩掌一式，左手下拨，右掌抓对方脸部，并随右上步往前推压，三者动作一气呵成，可有效防范对方正面进攻，同时转守为攻，将其击倒。连环掌、龙虎掌，运用五行乩手动作，前推后勾；以气催力，发出弹抖掌力，击伤对方。

三、白鹤拳（传自林庄）

（1）套路招式

① 白鹤起势
② 白鹤弹撒翅（左上步）
③ 白鹤弹撒翅（右上步）
④ 白鹤双弹撒
⑤ 白鹤弹撒翅（左回步）
⑥ 白鹤弹撒翅（右回步）
⑦ 白鹤上步弹踢（4动）
⑧ 白鹤回步弹踢（4动）
⑨ 左右弹抖
⑩ 抖翅前啄
⑪ 左右弹抖（转身）
⑫ 双弹双推掌
⑬ 双插双勾踢（右）
⑭ 白鹤双弹撒
⑮ 双插双勾踢（左）
⑯ 缠脖弹翅（左右2动）
⑰ 白鹤双弹撒
⑱ 请拳

（2）套路特点　运用内功起势，一招多用，善于短打，击打对方穴位，快速有效制敌。如用白鹤弹撒翅一招时，丹田运气，用手背弹击对方眼睛，用掌、指下防对方以腿攻击，左右撒手，弹击对方胸部、肋部。双手从体前绕一圈，小周天运气，当对方正面攻击时，用小周天呼吸法手式，侧身拨粘对方攻击手，并用手指点对方血池之穴位，制服对方。

四、双铁尺

（1）套路招式

① 夜叉巡海
② 将军挂印
③ 落身插骨
④ 仙人指路
⑤ 开弓射日
⑥ 双鞭取日
⑦ 双龙抢珠
⑧ 雄鹰展翅（左）
⑨ 三步刺（左）
⑩ 雄鹰展翅（右）
⑪ 三步刺（右）
⑫ 野牛撞林（4动）

⑬ 上下绞剪
⑭ 犀牛望月
⑮ 白鹤独立（2动）
⑯ 龙虎相争
⑰ 夜叉巡海（2动）
⑱ 青龙出水（2动）
⑲ 左挡右刺
⑳ 蝶步回马枪
㉑ 开弓射日
㉒ 左右双舞（2动）
㉓ 上下绞剪（2动）
㉔ 夜叉巡海（右）

㉕ 大帝斩腰（右）
㉖ 夜叉巡海（左）
㉗ 大帝斩腰
㉘ 绞剪侧踢
㉙ 利刀削竹
㉚ 青龙出水
㉛ 左右撩拨
㉜ 劈顶取日
㉝ 金鸡独立
㉞ 落身插骨
㉟ 犀牛献角
㊱ 挂印（请拳）

（2）套路特点　风格独特，动作简练，善于短打，打击穴位。一招多变，具有很强的攻防特色。如对方用棍棒攻打头部，则用"双鞭取日"先防后攻，用双铁尺格挡棍棒头尾，再施以进攻之招，迅速用双劈之势迎上，击伤对方；如对方用抡劈棍攻打脚部或头部，则用跳步绞剪，侧踢破之，或用跳步"利刀削竹"破之。

五、一路对练

（1）套路招式

① 甲　右上步　右冲拳
② 甲　左上步　左冲拳
③ 甲　右上步　连三拳
④ 甲　左上步　连三拳
⑤ 甲　右上步　双炮拳
⑥ 甲　右回步　左上格下挡

① 乙　右回步　右上格
② 乙　左回步　左上格
③ 乙　右回步　三格挡
④ 乙　左回步　三格挡
⑤ 乙　右回步　上下格挡
⑥ 乙　右上步　右上劈下砍

⑦甲　左回步　右上格下挡　　　　⑦乙　左上步　左上劈下砍

⑧甲　左上步　左上劈下砍　　　　⑧乙　左回步　右上格下挡

⑨甲　右上步　右上劈下砍　　　　⑨乙　右回步　左上格下挡

⑩甲　左上步　龙虾出港（左）　　⑩乙　左回步　龙虾出港

⑪甲　右上步　龙虾出港（右）　　⑪乙　右回步　龙虾出港

⑫甲　左上步　双钆砸顶　　　　　⑫乙　左回步　双肘横架

⑬甲　右上步　罗汉推山　　　　　⑬乙　右回步　左右格挡

⑭甲　左上步　老虎出爪　　　　　⑭乙　左回步　拨云见日

⑮甲　右上步　左右上击　　　　　⑮乙　右回步　左右格挡

⑯甲　右上步　上砍下踢（左）　　⑯乙　左回步　上格下劈

⑰甲　左上步　上砍下劈（右）　　⑰乙　右回步　上格下劈

⑱甲　左右上步　双龙抢珠　　　　⑱乙　左右回步　单钆护珠

⑲甲与乙位置动作交换，乙进攻甲防守，收势请拳。

（2）套路特点　动作简单实用，招式不多，讲究实效；经常演练，可增强筋骨皮硬度，并参悟招式的实用意义；一招多用，招招落在实处——是本门派的套路对练基础功夫。

六、双铁尺进南棍

（1）套路招式

①甲　（持双铁尺）夜叉探海　　　①乙　（持南棍）拨云见日

②甲　青龙抢珠（2步）　　　　　②乙　拨云见日

③甲　仙人指路　　　　　　　　　③乙　肩挑日月

④甲　青龙抢珠　　　　　　　　　④乙　拨云见日

⑤甲　仙人指路　　　　　　　　　⑤乙　肩挑日月

⑥甲　劈顶取日　　　　　　　　　⑥乙　蟒蛇挡道

⑦甲　野牛撞林（4步）　　　　　⑦乙　连攻四棍

⑧ 甲	上下绞剪	⑧ 乙	肩挑日月
⑨ 甲	野牛撞林	⑨ 乙	右斜劈
⑩ 甲	白鹤独立	⑩ 乙	青龙斩腰
⑪ 甲	双劈	⑪ 乙	青龙摆尾
⑫ 甲	劈顶撞山	⑫ 乙	犀牛望月
⑬ 甲	夜叉巡海	⑬ 乙	拨云见日
⑭ 甲	青龙抢珠（2步）	⑭ 乙	拨云见日（2步）
⑮ 甲	仙人指路	⑮ 乙	肩挑日月
⑯ 甲	青龙抢珠	⑯ 乙	拨云见日
⑰ 甲	仙人指路	⑰ 乙	肩挑日月
⑱ 甲	劈顶取日	⑱ 乙	蟒蛇挡道
⑲ 甲	仙猴宿身	⑲ 乙	横扫千军
⑳ 甲	左右双格	⑳ 乙	青龙斩腰
㉑ 甲	劈顶取日	㉑ 乙	蟒蛇挡道
㉒ 甲	龙形双劈	㉒ 乙	拨云见日
㉓ 甲	回步下劈	㉓ 乙	青龙摆尾
㉔ 甲	左右双格	㉔ 乙	左右横击
㉕ 甲	上下绞剪	㉕ 乙	肩挑日月
㉖ 甲	跳步绞剪	㉖ 乙	抡劈棍
㉗ 甲	夜叉巡海	㉗ 乙	横扫千军
㉘ 甲	收势	㉘ 乙	收势

（2）套路特点　这套长短器械对练套路，动作简练实用，攻中有防，防中有攻，一招多用，如甲方用"青龙抢珠"一式戳乙方眼睛，乙方则用"拨云见日"破之，甲方用"龙形双劈"抡棍攻打乙方头部，乙方用"拨云见日"回步破之。乙方用"横扫千军"扫劈甲方头部，甲方用"仙猴宿身"破之。乙方用"抡劈棍"攻打甲方脚和头部，甲方用"跳步绞剪"破之。

七、南棍对练

（1）套路招式

① 甲　右手持竖棍抱拳请拳礼　　① 乙　右手持竖棍抱拳请拳礼

② 甲　连攻三棍（上步）　　② 乙　连弹三棍（回步）

③ 甲　青龙缠柱（上步转身）　　③ 乙　青龙缠柱（回步）

④ 甲　仙猴劈山（跃步腾空）　　④ 乙　仙猴劈山（跃步腾空）

⑤ 甲　蟒蛇出洞（进退步）　　⑤ 乙　蟒蛇出洞（进退步）

⑥ 甲　拨云见日（右回步左转）　　⑥ 乙　拨云见日（右上步左转）

⑦ 甲　连攻二棍（上步）　　⑦ 乙　连弹二棍（回步）

⑧ 甲　肩挑日月（上步）　　⑧ 乙　犀牛望月（回步）

⑨ 甲　青龙摆尾

（右上步左转右回步）　　⑨ 乙　青龙摆尾

（左回步左转右回步）

⑩ 甲　打草惊蛇（上步）　　⑩ 乙　打草惊蛇（回步）

⑪ 甲　蟒蛇出洞（进退）　　⑪ 乙　蟒蛇出洞（退进）

⑫ 甲　连攻三棍（上步）　　⑫ 乙　连弹三棍（回步）

⑬ 甲　青龙摆尾　　⑬ 乙　青龙摆尾

⑭ 甲　金鸡独立（提膝右上步）　　⑭ 乙　金鸡独立（回步提右膝）

⑮ 甲　犀牛望月（回步）　　⑮ 乙　罗汉劈山（上步）

⑯ 甲　独脚罗汉（提膝右上步）　　⑯ 乙　蟒蛇出洞（进步后滑步）

⑰ 甲　阴阳连环棍（回步盖步）　　⑰ 乙　阴阳连环棍（上步）

⑱ 甲　连攻二棍（右转上步）　　⑱ 乙　连弹二棍（左转回步）

⑲ 甲　横扫千军（上步后转）　　⑲ 乙　犀牛望月（上步后转）

⑳ 甲　青龙出海（上步左转）　　⑳ 乙　青龙出海（上步左转）

㉑ 甲　青龙缠柱（左侧上步后转）　　㉑ 乙　青龙缠柱（回步）

㉒ 甲　后转上劈（上步后转）　　㉒ 乙　后转上弹（上步后转）

㉓ 甲　连攻二棍（上步）　　㉓ 乙　连弹二棍（回步）

㉔甲	犀牛望月（回步）		㉔乙	罗汉劈山（上步）
㉕甲	青龙缠柱（左侧插）		㉕乙	独脚罗汉（提右膝）
㉖甲	连弹二棍（回步）		㉖乙	连攻二步（上步）
㉗甲	罗汉劈山（上步）		㉗乙	犀牛望月（回步）
㉘甲	独脚罗汉（提右膝）		㉘乙	青龙缠柱（左倒插）
㉙甲	后转上劈（上步后转）		㉙乙	回步上弹（上步后转）
㉚甲	横扫千军（上步后转）		㉚乙	横扫千军（上步后转）
㉛甲	请拳（收势）		㉛乙	请拳（收势）

（2）套路特征　风格独特，动作连贯，阴阳互动，招式多变，击打穴位，具有很强的攻防特色。

2011年中国台湾中天电视台、福建电视台采访蔡永希"手钉穿板"

蔡永希为来访的日本冲绳代表团表演"桂麟拳"

蔡永希在莆田南少林寺文化交流会上表演"桂麟拳"

第六节

戴良鸿习传拳械

戴良鸿先生及其习武像

1. 历史渊源

戴良鸿（1924—1984年），原名摩沙、伯雄，字仁杰，莆田市涵江区江口镇坂溪人氏。曾任莆田县武术协会顾问，1958年参加福建省武术表演赛，荣获优秀奖。

戴良鸿幼随经商的祖父客居福州，读过几年私塾，后投身福州鹤拳名家陈胜标（福州市鼓山人，曾参加南京国术比赛荣获第三名）门下，继而转师武林高手李燕青（福州鹤拳名家），学习宗鹤拳及鸣鹤二十八宿、龙宗二十八宿、三狮拳、齐眉棍法等拳艺。

戴义龙，戴良鸿长子，自幼随父习武学医，得其真传。作为戴氏传人，他依据其父的讲义资料和大量医学笔记，先后整理出《药茶凉茶方选》《草药验方治百病》《袖珍草药图本》《常用草药图集》《看图识百草》等医学专著，由福建科技出版社出版。他于江口卫生院主任医师职上退休，现为福建省武术协会理事、南少林武术协会常务副秘书长、中国武协认证的六段拳师、莆田市气功协会副会长、福建省中医药学会骨伤研究会委员、福建省中西医

结合学会活血化瘀专业委员会委员，高等中医骨伤研究会授予其"中医骨伤专科突出人才"称号，国家中医药管理局授予"全国基层优秀中医"称号。发表有医学论文三十多篇，出版有《南少林拳医汇宗》《老中医解码黄帝内经》等十多部专著。多次参加南少林武术会演和对外交流活动，均获佳评，央视等多家媒体曾对他作过专题报道。

2. 传承

戴良鸿拳法精湛，门徒达两三百人之众，遍及中国福莆仙、港澳台及国外东南亚。

其中出类拔萃者有：戴良标（1932—2009年），戴良鸿胞弟，擅长对练、扁担术、鸣鹤拳等，曾多次参加南少林武术表演。

戴义石，戴良鸿次子，自幼随父习武学医，在江口开设青草药店，坐堂问诊。著有《袖珍草药图本》（与其兄戴义龙合著）。

其他门徒，莆田有刘先锋、李青云、黄礼雄，著名画家蔡丹石、旧县巷开青草药店的刘生、吓玉等；仙游有陈飞成等；福州有高振武、石成等；福清有王彩鸿等；香港有戴文寿；另外还有马来西亚的刘春文等。

3.拳械套路

（1）三正拳　三正拳是鹤拳的基础，是学习鹤拳入门的根基。各派的三正拳略有不同，戴氏三正拳传自鹤拳名家陈胜标，在陈氏所传的基础上，融合自己的心得。

1）戴氏三正拳的特点

① 身法　所谓三正，指的是头正、脚正、身正。

② 步法　追求落地生根，步法稳健，下盘稳固。

③ 手法　变化不多，朴实无华，讲求实用。

2）三正拳的套路

① 请拳

② 收步双砸掌

③ 三角马步双平掌

④ 进推掌

⑤ 左三角马步阴阳掌

⑥ 右三角马步阴阳掌

⑦ 退步双扣拳

⑧ 进步右顶肘

⑨ 右踢腿击掌双冲拳

⑩ 左右小八仙掌

⑪ 大八仙掌

⑫ 双拨掌弹踢腿

⑬ 砍手

⑭ 原步收拳

（2）戴氏宗鹤拳的拳法特点

1）宗鹤拳　戴氏的宗鹤拳传自鹤拳名家陈胜标。

① 身法　模仿五禽宿兽，一臂如龟、二腹似虾、三腰活如龙、四解如猴、五马似车轮。

② 手法　讲究金、木、水、火、土的五行变化，利用五行的生克制化原理，充分借助对方的劲力，刚柔相济，见力生力、见力化力、借力得力，来达到制伏对手的目的。手法主要有五手副手龙：正手副手龙似狮子抱佛，圈手副手龙过洗角，引手副手龙过虎背狼腰，义手副手龙过射戟，黏手副手龙过开翅蝙蝠。除五手之外，独门手法还有闪电过五雷、碰电连环手、碰电三角手、碰电日月手、辕门射戟过九节鞭、海底过三龙、横鞭竹节小

手、磨金手、珠轮手、落地金砖手等。

③ 宗劲　宗劲不是一味刚猛有力，而是一种非常灵活的巧劲，是刚柔、虚实、纵横相糅合为一的劲力。

④ 内功　要练就一身宗劲，必须配合内功修为，配合气功呼吸，以胸吸气，聚之于丹田，气沉丹田。注意：注气而不注于力，意到气到自然劲力就到了。同时配合发声，气自丹田出，声如龙虎啸。

2）宗鹤拳的套路

① 三点五梅花　　　　　　⑤ 转四门
② 流山三战　　　　　　　⑥ 三步三
③ 平柜三战　　　　　　　⑦ 八段锦
④ 斗珠三战

（3）半鹤拳

1）半鹤拳的拳法特点

① 身法　沉肩坠肘、挺胸、收腹、缩胯。技击时上下相随，灵活多变。

② 手法　讲究金、木、水、火、土的五行变化，依据五行生克制化的原理克敌制胜。

③ 步法　步法稳健，下盘坚如磐石。

2）半鹤拳的套式

① 请拳　　　　　　　　　⑩ 转身下蹲
② 平步十字分开　　　　　⑪ 进三角马步往上撩掌
③ 左右侧身推掌　　　　　⑫ 右转身推掌
④ 牵牛过涧　　　　　　　⑬ 双剑指推掌
⑤ 伺机出击　　　　　　　⑭ 左右侧身推掌
⑥ 转身下蹲　　　　　　　⑮ 退三角马步两手似蟹钳
⑦ 退三角马步向上伸掌　　⑯ 八字马步下蹲踢脚
⑧ 退马步过肘推掌　　　　⑰ 鹰爪扑击
⑨ 牵牛过涧　　　　　　　⑱ 海底捞针

⑲ 转身踢脚
⑳ 翻滚进三角马步直插
㉑ 压手插掌
㉒ 进三角马步压掌
㉓ 进三角马步双推掌
㉔ 进三角马步过肘推掌
㉕ 右平行步侧身推掌
㉖ 举掌进三角马步
㉗ 进三角马步双插掌
㉘ 平衡步双压掌
㉙ 收拳

（4）鸣鹤二十八宿　戴氏的鸣鹤二十八宿传自鹤拳名家陈胜标，已被确认为福建省非物质文化遗产。

1）鸣鹤二十八宿的拳法特点

① 身法　头顶项稳，含胸拔背，沉肩坠肘，上肢灵动多变，下盘稳如磐石。身法腾挪闪跃，机智灵活。

② 手法　鸣鹤二十八宿的手法变化多端，有冲、击、翻、插、搭、拍、推、斩等多种变化。

③ 内功　鸣鹤二十八宿还辅以气功的腹式呼吸，吞吐随身法、手法的变化而变化，以掌出节发声，以声助力，这也是鸣鹤拳区别于其他鹤拳的最显著特点之一。

2）鸣鹤二十八宿的套路

① 请拳
② 左转身向下插手
③ 退三角马步向后翻拳
④ 进三角马步左冲拳
⑤ 阴阳手侧插右上方
⑥ 单跪步下冲拳
⑦ 拉手击拳
⑧ 拖掌拍膝
⑨ 小八仙推掌
⑩ 两掌垂直斩手
⑪ 转身拉格肘
⑫ 斩手插掌
⑬ 三角马步拉手击鼻
⑭ 下插掌右踢腿
⑮ 三角马步连环拳
⑯ 转身三角马步左右脱手踢腿
⑰ 进马步斩手
⑱ 转身收拳

（5）龙宗二十八宿　龙宗二十八宿据传说由南少林武僧铁珠禅师所创，主要流传于闽中一带。

1）龙宗二十八宿的拳法特点

① 身法：身手灵动活泼，凶猛迅疾，形似神龙游空。背如龟、肚似虾，吞吐浮沉，腰身似马。

② 手法：砍、攮、押、推、扇。

③ 指法：押、攮、抠。

④ 腕法：勾、挑、缠。

⑤ 拳法：冲、勾、摆、鞭。

⑥ 腿法：铲、截、绊、踹。

2）龙宗二十八宿的套路

① 请拳
② 马步抖切掌
③ 马步上推掌
④ 马步下推掌
⑤ 马步双擒手
⑥ 左三角步右冲拳
⑦ 右三角步左冲拳
⑧ 左上步顶肘冲拳
⑨ 右上步顶肘冲拳
⑩ 上步下冲拳
⑪ 退步虚步左推掌
⑫ 转身左弓步右顶臂
⑬ 右弓步左顶臂
⑭ 左弓步右擦拳
⑮ 右弓步左擦拳
⑯ 左弓步滚砸拳
⑰ 右弓步滚砸拳
⑱ 转身左弓步左挡拳
⑲ 右弓步右挡拳
⑳ 左三角步右勾拳
㉑ 右三角步左勾拳
㉒ 左弓步右推掌
㉓ 右弓步左推掌
㉔ 转身双弓步贯拳
㉕ 右双弓步贯拳
㉖ 左双弓步顶肘抄拳
㉗ 右双弓步顶肘抄拳
㉘ 马步左靠肩
㉙ 马步右靠肩
㉚ 转身左三角步格砸拳

㉛ 右三角步格砸拳　　　　　　㉞ 马步抖切掌

㉜ 上步三角步双顶掌　　　　　㉟ 收拳

㉝ 马步前叉掌

（6）三狮拳　三狮拳传自李燕青。

1）三狮拳的拳法特点

① 手法：三狮拳打、拿、跌并重，拳掌并用，尤其擅长连环肘击，雄猛霸悍。

② 步法：步法稳健而又灵活，下盘稳固有如泰山，移步却又迅捷有力。三狮拳也是一种仿生拳种，它模仿的是百兽之王的雄狮，因而气势恢宏，动则如雄狮逐野，迅捷刚猛，静则似蹲守以待，雄视四方。

2）三狮拳的套路

① 请拳　　　　　　　　　　　⑩ 转身三角马步左右切掌

② 平行马步双推掌　　　　　　⑪ 握腕左右推掌

③ 三角马双砸手　　　　　　　⑫ 左右卷肘冲拳

④ 侧身左顶肘　　　　　　　　⑬ 分掌踢脚

⑤ 护手撞拳　　　　　　　　　⑭ 转身漂拳

⑥ 转身漂掌　　　　　　　　　⑮ 侧身马步右冲拳

⑦ 侧身右顶肘　　　　　　　　⑯ 退步迎面拳

⑧ 过肘推掌　　　　　　　　　⑰ 收拳

⑨ 三角马步拉挡拳

（7）齐眉棍　器械方面，戴良鸿擅长南少林齐眉棍。

1）齐眉棍的特点

① 棍法：齐眉棍高与眉梢齐，棍法有挑、刺、劈、拦、撩、扫、崩等，灵活多变。

② 身法：要求手、眼、身、步协调一致，身棍合一，速度极快，呼啸生风，极具威力。拳谚曰：枪挑一条线，棍扫一大片。齐眉棍有横扫千军

的气势。

2）齐眉棍的套路

① 左背剑
② 右背剑
③ 劈杖
④ 吐杖
⑤ 斩杖
⑥ 流水点脚挑杖
⑦ 背剑
⑧ 横尾杖
⑨ 劈杖
⑩ 扫膁
⑪ 横尾杖
⑫ 吐段
⑬ 斩杖
⑭ 连地挂葱
⑮ 吐杖
⑯ 斩杖
⑰ 弥勒献土
⑱ 左挂肩
⑲ 右挂肩
⑳ 水牛顶天
㉑ 扫膁

（8）扁担术　扁担是广大劳动人民肩挑货物的工具，但在危急时刻，也可以用作防身的武术器械。

1）扁担术的特点　动作矫健，棍法变化多端，凶猛劲健。

2）扁担术的套路

① 起式
② 肩负扁担
③ 卸担待攻
④ 卸担推掌
⑤ 握担进击
⑥ 进马劈
⑦ 扁担直捅
⑧ 转身后捅
⑨ 侧身劈担
⑩ 转身直捅
⑪ 右脚进三角马步下盖
⑫ 翻扁向前下劈
⑬ 进三角马步直捅
⑭ 扁担面往内扣
⑮ 下蹲式压扁
⑯ 举扁顶械
⑰ 转扁直击
⑱ 侧形下盖

⑲ 进小马直戳

⑳ 退步挑担

㉑ 进马步直捅

㉒ 放扁挡械

㉓ 单掌甩扁

㉔ 斜扁挡械

㉕ 进步顶械

㉖ 甩扁钩脚

㉗ 上部直戳

㉘ 左弓步托扁

㉙ 右弓步托扁

㉚ 下蹲马步左侧击

㉛ 蹲马右侧击

㉜ 凌空横扫

㉝ 踮步抬担

㉞ 收回扁担

（9）技手对练　戴良鸿曾得杨少奇（五八先）后人赠五八先所著拳谱《出入技手脚马法度》，戴良鸿得此秘笈，视为珍宝。

1.凡人与我挤手，用右腿步，我必横脚就破。观彼有无变手，彼若用进马而来，我必紧身而破之。

2.凡人与我挤手，用横送法，我必单枝独脚，观彼如何变。彼若用进马而来，我必用退马再而破之。

3.凡人与我挢手用抬法,我必进马掼入。观彼有何变手,彼若用猛虎登山而来,我必用直龙过峡破之。

4.凡人与我挢手,用弄猫仔洗面而来,我作牛角笋破之。

5.凡人与我挢手,用章鱼下壁法,我用沉步起白鹤披翼而破之。

6.凡人与我挢手,用单枝法,我必用抬身。观彼有何变手,彼若过大门用上下困身而来,我用持刀砍竹破之。

7.凡人与我挤手,彼用青龙出爪法,我必用白猴抱瓜法,观彼有何变手,彼若沉步起白鹤披翼而来,我用猛虎下山破之。

8.凡人与我挤手,用直取法,我必用双手抬落。观彼有何变手,彼若用消金而来,我则用断金破之。

9.凡人与我挤手,用沉步起青鹰披翼而来,我必用转身落法鳝鱼钻地而破之。

10.凡人与我挤手,用黑马落下连地割葱而来,我必用脱马铁打手而破之。

11.凡人与我挤手,用钳枝腿手挑血兽而来,我必用船波摇橹。观彼有何变手。若彼抬身用孩儿抱坐而来,我必用调虎下山破之。

12.凡人与我挤手,用过枝窜臁或挑脚而来,我必用前后脱落马收退而破之。

13.凡人与我挤手,用右手挑起,左手钳右技后马挺人而来,我必用沉步起霸王开弓而破之。

14.凡人与我挤手,用三节手而来,我必用双手吞法御之。观彼有何变局。

15.凡人与我挤手,彼若进马曲手而来,我必用退了前马用八仙过海而破之。彼用两手交我手门,我起横身后马用一枝送两枝破之。

16.凡人出正手大马法,我只用推挤,观彼如何变局。彼回落正马随枝而入,我起进身发出而破之。

17.凡人用美人梳妆法,我用鳗鱼弄挤,彼必然含我手,我必挤抬出破之。

18.凡人出父子手相随之法,我用和脉,观其变局。彼手持开,我用后马后手进大门进出。彼用开门见山法,我用东皇献手进大门,或用白猴磨刀。彼有何变局,若就地而起,我用曹公献剑而破之。

19.凡人出单枝独脚法，我用父子相随进大门，观彼有何变局，彼踢脚而来，我用高力士脱靴破之。

20.凡人用犀牛挂角法，我用一枝手进入，观彼有何变局，彼若用前马左手横送，或是白猴抱瓜，我用沉转金鸡展翅破之。彼用太公把钓法，我用李公磨镜弄入。彼用五虎下山而来，我用双龙戏珠破之。

21.凡人与我挤手，用右手穿入大门而来，我就小门射戟，或用子仪抽机射箭，或用单马收锤破之。

22.凡人落醉身虎法，我用父子相随手进大门。观彼有何变局，彼若就下抢脚而来，我用白鹤吊脚破之。彼用横腿扫马而来，我用前后马分开，以关公拖刀破之。

23.凡人出右手法，我用右手舍落，观彼有何变局，若落马摇动时，我用鳗鱼摇尾转一角，再就中门直取破之。

24.凡人出如来献肚法，我必击进大门，用父子相随。观彼有何变局，若彼用三娘推磨而来，我用串身起仙鱼跃舟而破之。彼用指撑我凤眼，我用指甲托入橄榄可破之。

25.凡人出两脚齐法，我用双龙戏珠弄入。观彼用何变局，若前马脱出用八仙过海来，我必用武松打虎破之。

26.凡人抓我头发用鳝鱼失地法，彼承落打我，拖转过脚，我用左手掼彼粪门口，右手抓彼睾丸而破之。

附　五八生（杨少奇）手抄拳谱（戴义龙提供）

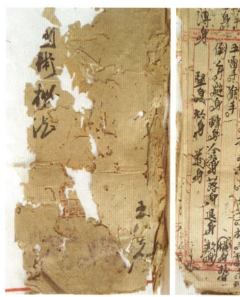
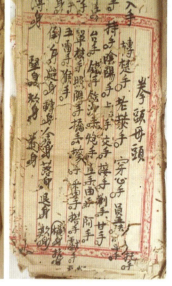
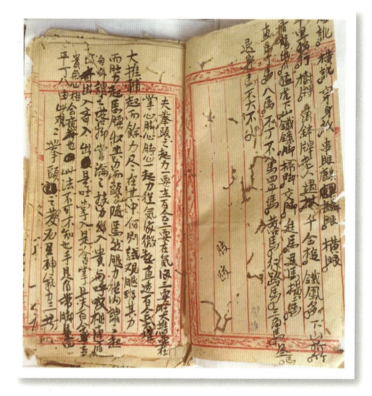

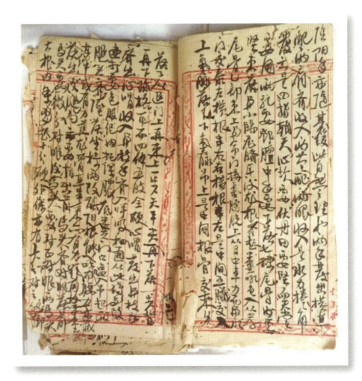

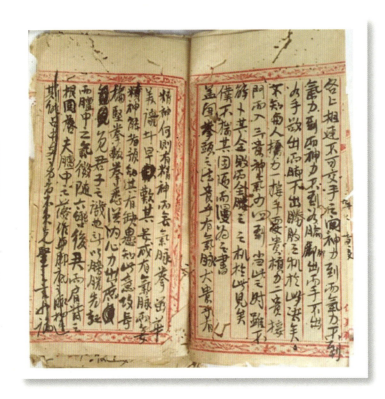

陈志勇习传拳术

陈志勇（1955.11—），莆田涵江区人，莆田南少林武术协会常务副秘书长，莆田市健身气功协会副秘书长，中国武术六段。幼年随祖父陈子宏习武，得其真传。曾任武术比赛评委，被聘为武术馆客座教练；1995年获首届国际武术观摩交流大会表演奖。1997年担任福建省首届中等师范武术比赛拳术类裁判长，2008年受邀在央视播出的节目《鹤影禅踪》中表演飞鹤拳，多次参加南少林武术对外交流活动。陈志勇尤擅飞鹤拳、撩手拳及桂麟拳等传统拳械。

1. 桂麟拳（传自陈子宏）

桂麟拳系半刚半柔之拳术，该拳种合蛇、豹、猴、鹿、熊、鹤诸形意拳而成，集北派南宗功夫之精华。演练时手足相应，进退自如，身腰旋转，四面联络玲珑，尤着重腰腿足轮转扫荡之法，呈半圆形，其结构明晰，沉着灵敏，故以腿脚独步而著名。

桂麟拳套路动作名称：

① 落身造骨
② 将军挂印
③ 铁锤入石
④ 单肢采手（计三下）
⑤ 单肢采手
⑥ 单肢采手
⑦ 犀牛照角
⑧ 捆身
⑨ 凤凰展翅
⑩ 下山拗竹
⑪ 龙虾出港
⑫ 冲心肘
⑬ 叩上
⑭ 剃手
⑮ 大帝斩腰
⑯ 掀东
⑰ 掀西
⑱ 金猫抓面

⑲ 圆缠过枝（计4下）

⑳ 圆缠过枝

㉑ 圆缠过枝

㉒ 圆缠过枝

㉓ 撇手

㉔ 魁斗踏星

㉕ 御虎

㉖ 麒麟保口（计4下）

㉗ 麒麟保口

㉘ 麒麟保口

㉙ 麒麟保口

㉚ 青龙出爪

㉛ 腰护

㉜ 串腿

㉝ 钟鼓齐鸣

㉞ 正反捞钩手

㉟ 正反捞钩手

㊱ 请拳

2. 撩手拳

撩手拳系硬刚中寓软劲之功夫，该拳集少林武功之精粹。拳仅十余式，看似简单无趣，演来却费力难成，内中包罗技击变幻。演练时落身造骨，如手提千斤压下之势；左右手长短分开，翻手为阳，覆手为阴；吞肩吊肚，握拳透掌；白马悬蹄，吐纳分明；独臂单穿，撩拨而入；独具克敌制胜之招。

3. 飞鹤拳

飞鹤拳系真柔术中之最柔者，演练时延劲扬眉，左顾右盼；养气蓄劲，精神内敛，息存丹田，力起自涌泉，提上丹田，发于三节手，直透出指端；正旋反旋，方方圆圆，高低疾徐，回翔飞舞；飞鸣宿食，浮沉迅速；一呼一吸，身手合一，具五行之变态，以逸待劳，以柔克刚，借对方之力而败之。

陈志勇在演练"飞鹤拳"

陈志勇在演练"飞鹤拳"

陈志勇在演练"龙虎扁担"

第八节

陈志荣习传拳械

陈志荣（1963.3—），早年拜莆田灼哥派师父习练犀牛拳、四门拳及扁担法等拳械功夫，后又随"五八"门派拳师修习多种武技，乐于探究地方武术文化，多方拜访探寻，颇有心得。近年来积极参与推广南少林武术文化活动，曾多次在大型武术比赛中获得金、银奖牌。

2013年4月，"瞎子添"流派的"老鹰披翅"拳术套路被莆田市列入市级非物质文化遗产名录。

1. 犀牛拳

① 请拳

② 犀牛献角

③ 犀牛退步

④ 斩

⑤ 犀牛献角

⑥ 霸王开弓

⑦ 斩

⑧ 犀牛献角

⑨ 霸王开弓

⑩ 犀牛洗角

⑪ 犀牛踢脚

⑫ 双峰贯耳

⑬ 犀牛摇角

⑭ 牛仔吃奶

⑮ 犀牛转身

⑯ 犀牛踢脚

⑰ 犀牛踢脚

⑱ 转身斩

⑲ 霸王开弓

⑳ 转身斩

㉑ 犀牛摇角

㉒ 牛仔吃奶

㉓ 犀牛顶角

㉔ 犀牛甩角

㉕ 牛担锁喉

2. 四门

① 将军抱印

② 白蛇吐信

③ 单掌推碑

④ 铁锤入石

⑤ 推窗望月

⑥ 犀牛摇角

⑦ 莲花出水

⑧ 倒撬拨

⑨ 莲花出水

⑩ 过身闸

⑪ 将军脱袍

⑫ 剪手

⑬ 蹬脚

⑭ 钟鼓齐鸣

⑮ 撩手

⑯ 下山折竹

⑰ 送虎归山

⑱ 拨云见日

⑲ 白蛇吐信

⑳ 退避三舍

㉑ 虾蛄踢脚

㉒ 跃步过溪

㉓ 左连环掌

㉔ 右连环掌

㉕ 过肩摔

㉖ 美人照镜

㉗ 铁锤入石

㉘ 逼脚

㉙ 转身逼脚

㉚ 顶膝

㉛ 蹬脚

㉜ 钟鼓齐鸣

㉝ 撩手

3. 扁担法

① 横担作揖
② 虚步拦
③ 马步劈
④ 弓步截
⑤ 虚步拦
⑥ 弓步扫脚
⑦ 虚步挑裆
⑧ 弓步截
⑨ 左右扫腰
⑩ 转身下格
⑪ 上劈下挑
⑫ 转身上格
⑬ 下挑上劈
⑭ 闪步缠
⑮ 弓步截
⑯ 横担上架
⑰ 弓步扫头
⑱ 转身扫
⑲ 连地割草
⑳ 闪步缠
㉑ 弓步截
㉒ 丁步下格
㉓ 马步左截
㉔ 马步右截
㉕ 转身挑裆
㉖ 跃步过溪
㉗ 弓步盖头
㉘ 弓步劈
㉙ 艄公摇船
㉚ 上架
㉛ 下截
㉜ 弓步盖头
㉝ 弓步挑裆
㉞ 弓步下压
㉟ 连地割草
㊱ 横扫千军

陈志荣在演练"四门拳"

陈志荣在表演"扁担法"

陈志荣、李良彪对练

第九节

戴义龙习传拳术

鸣鹤二十八宿是南少林拳种之一，起源于白鹤拳，后演变为飞、鸣、宿、食四种拳种，鸣鹤拳与"自然门、五祖拳、太极拳、地术拳"等现被列入福建省有代表性的拳种，面临失传的危险。

鸣鹤二十八宿务必头顶坚硬，项稳如山，含胸拔背，沉肩坠肘，眼至神往，动作矫健，敏捷如猿，神态自若，固若磐石。练习者集头、身、手、足千钧之力为一体。拳法上具有南拳之特点，即手法变化多端，令人目不暇接，身法机变灵活，以克敌制胜。在训练时尤以气功的腹式呼吸吞吐自如、自成一格。善于用掌击节发声，以身助力，故有"鹤鸣"之谓。

鹤鸣拳最早起源于南少林拳系，年代久远，不可追溯。后传至福州谢崇祥，现可知传承谱系陈圣标（福州市鼓山镇），该人于民国年间参加南京国术擂台大比武获奖，后传至莆田江口坂梁戴良鸿，又传至其弟戴良标及其子戴义龙、戴义石等人。又传第五代传承人戴文寿。第四代传承人戴义龙，系江口卫生院副主任中医师，从医多年，著作颇丰，其独撰了《南少林拳医汇宗》等九本专著。

对鸣鹤拳的抢救、保护、挖掘、传承有着重要的学术价值和现实意义。一是以它深厚的南少林文化内涵，承载着广泛的华侨及港澳台同胞情结；二是以它精湛的技艺和厚重的武术文化内涵，体现浓郁的南方地方特色；三是以它厚重的人文内涵，是难得的南少林旅游文化资源；四是以它折射透露出神秘的南少林武术的生存、生活状态，对闽台和世界武术文化交流、研究有着重要的学术价值。

在莆田南少林众多的拳种中，较具代表性和历代广泛流传的拳种是"白鹤拳"，相传由方七娘所创，至今已有三百多年的历史，它经过历代武术前辈的实践和发展，流传至今已演变为宗鹤（即宿鹤）、鸣鹤、飞鹤、食鹤（即朝鹤）等四种不同的拳种，目前已广泛流传到我国港澳台地区和东南亚地区。清光绪十二年，莆田萩芦乡人杨少奇，号五八先（著名武僧）把白鹤拳传至莆田。飞、鸣、宗（宿）、食四种鹤拳同出一源，即白鹤拳。它们的技法和功法都以三战为基础，都讲气沉丹田，练丹田功，以气催力，沉肩坠肘，眼至神往，技击时都要求内外合一，借助明暗二劲。在身法上都要求头顶、项稳、拔背、松肩、松腰、松胯、提裆吊肚。手法都要求五行变化，讲究相生相克。步法都要求稳固，五点金落地，落地生根等等。但是，它们作为不同的拳种，又各自有其特点和独到之处，宗鹤注重用"宗劲"，刚柔相济；鸣鹤以声催力，激烈勇猛；飞鹤舒展大方，动作形象；食鹤轻巧快捷，灵活多变。

另有"出入支手，脚马法度"是本门派根据五行相生相克原理，独创的具有特色的传统练功方法。

戴义龙在教授"鸣鹤二十八宿"拳术

戴义龙拳照

第十节

朱圣熙习传拳术

1. 渊源

流传于莆田民间的莆田南少林传统猴拳是莆田南少林武术中的主要拳种之一。据史料记载，明代末年，有反清复明义士群集莆田西天尾九莲山南少林寺。清政府派兵围剿，焚寺戮僧，几位劫后余生的武僧逃出寺外，南少林武技便随之传到莆仙民间，其中的南少林猴拳以家传或师徒传承的方式，通过言传身教，结合拳谱，传继至今，并保留了鲜明的南少林武术特色。

2. 传承谱系

代别	姓名	性别	出生年月	文化程度	传承方式	学艺时间
第一代	杨少奇	男	1880年	不详	师徒	不详
第二代	林庄	男	1906年6月	私塾	师徒	不详
第三代	林玉树	男	1932年8月	中师	家传	不详
第四代	朱圣熙	男	1952年5月	中师	师徒	1975年
第五代	陈汉青	男	1995年2月	中专	师徒	2009年
第五代	方建聪	男	1998年7月	初中	师徒	2011年

3. 拳理特点

莆田南少林传统猴拳套路原为技击武术，具有浓厚的仿生学色彩。猿猴攀枝登高，定睛窥视，看似憨态可掬，实则机敏异常。它们上蹿下跳，动作灵活，攻袭时往往出其不意，令人猝不及防，猴拳便仿其形取其意，参照猿猴的动作形态，结合人体特点，设计了一系列短打紧靠、动作灵活多变的招式，并以弓背缩肩的身形，减少受击面，在技击实战中增强实用性。

猴拳主要模仿猴子出洞、窥望、争斗、惊窜等动作，机灵、敏捷，形、法统一，特点突出。

1）身型特点：模仿猿猴的身型，要求缩脖、耸肩、含胸、圆背、束身、屈肘、垂腕、屈膝。

2）手法特点：模仿猴抓、掳、扣、格、挡、刁手、小舞花等法。

3）步法特点：模仿猴跃、窜、出、入，有脚尖步、小跳步等。

4）眼神的特点：如猿猴守物一般专注。

5）技击特点：主要运用上肢进行格挡、掐拿、击打穴位等制敌；下肢用蹬、弹、踹、踩、扫、勾、踢等腿法。

6）进攻和防守时以灵敏善变、出手脆快为主，以小打大、以弱胜强。

其基本功以指、腕、臂、腰、桩功为主，主要练功方法有：两人搭手进行"技手"练习，训练听力及攻防意识；还有踢、打沙袋等训练。莆田南少林传统猴拳历史悠久，具有突出的传统性；经过几代人传承发展，不仅可用于技击防身，还有着明显的健身效果，值得推广。

4. 拳谱

① （请拳、预备势）猿猴出洞窥望
② 三步冲肢
③ 上探
④ 下护
⑤ 左右出臁（低踹腿）
⑥ 顶瓜
⑦ 转折
⑧ 张弓
⑨ 双插腰
⑩ 护身蹲
⑪ 挂手
⑫ 裂超（弹腿）
⑬ 回超（弹腿）
⑭ 单肢撒果
⑮ 回鞭
⑯ 冲拳入洞
⑰ 撇脚（左、右横踩脚）
⑱ 颠步防膝
⑲ 金猿出势
⑳ 锁喉脱练
㉑ 双撒瓜
㉒ 排肢
㉓ 左侧超（蹬腿）
㉔ 右侧超（蹬腿）
㉕ 扫码（二步）（勾踢）
㉖ 卷藤顶瓜
㉗ 正面双刀
㉘ 排肢
㉙ 背牙
㉚ 左右扫脚
㉛ 悬爪
㉜ 退藤
㉝ 捏、推
㉞ 藤手
㉟ 虚吊
㊱ 右撒超（弹腿）
㊲ 牵藤折肢
㊳ 单槌进顶
㊴ 独立出顶
㊵ 藤手缓防
㊶ 跳步
㊷ 冲箭

㊸ 过肢

㊹ 献爪

㊺ 韦驮悬杵

㊻ 双龙抢珠

㊼ 平梯起势

㊽ 架云偷月

㊾ 勾脚

㊿ 桂麟截

(51) 红猴推磨

(52) 叉手（请拳）

5. 代表性传承人概况

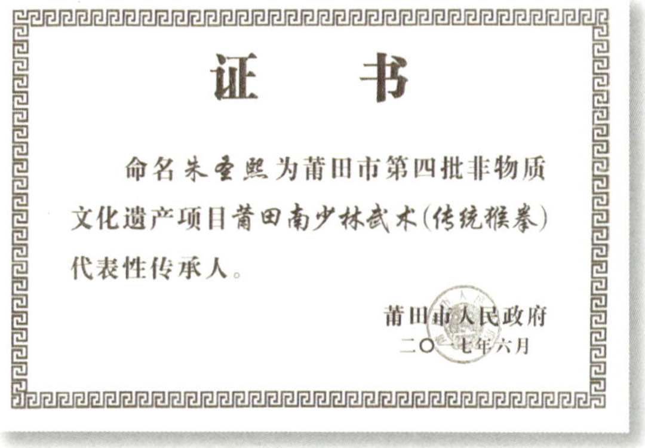

证　书

命名朱圣熙为莆田市第四批非物质文化遗产项目莆田南少林武术(传统猴拳)代表性传承人。

莆田市人民政府

二〇一七年六月

莆田南少林传统猴拳传承人朱圣熙（1952.5—），男，汉族，莆田市荔城区人，福建省武协第六届理事，莆田南少林武术协会理事，中国武术六段。

朱圣熙演练猴拳

第十一节

郑梓明习传拳术

郑梓明（1891—1970年），郑露第三十四代孙，晚清贡生。杨少奇徒弟，与兰少周系师兄弟。擅长三十六宝与莆田白鹤拳。郑梓明先生1928年在南京创办武馆，期间，为捍卫武馆的地盘与挑战方交手并获胜，从而饮誉武术界，他以石块作飞标掷出去能旋转回来的绝技更是充满神秘感。后来辗转上海，抗战时期回莆田，曾在莆田东山职业学校任职，1957年从永安水电学校退休后，被莆田少体校聘为拳术教师，1958年

郑梓明

至1965年当选为莆田县政协委员。晚年的郑梓明先生常在"开莆来学"木牌坊旁"绣衣里"自家庭院传授拳术。郑梓明先生在七十自咏诗中写道："谁道人生七十稀，我今七十步如飞。鹤拳悟得延年寿，雁讯谈多游子衣"。精湛的武功为他在武术界赢得了声誉，莆田白鹤拳的演练让他拥有了健康晚年。

第十二节

何文水习传拳术

何文水，莆田城内笏后人，1970年5月拜在"瞎子添"高徒黄光兰（别号"朴务兰"）门下，习练莆田南少林拳术三战、一路撩手、犀牛、五技、

技手及套路对练，还学得单刀、四门及八卦扁担法等。

1973年经由师父举荐，向师伯林明再习"矮郎"拳等，1974年春节后，又到师叔林璧处，先习太极推手，后习"老鹰披翅"。

莆田南少林武术"瞎子添"门下"朴务兰"的拳术既有传统南拳的阳刚之气，又兼有内家拳的运气之道。

1. 拳法特点

（1）身法：马步稳健，十趾生根，身形要求含胸、夹裆、束臀、挺头、锁喉、守八卦、吞蝉、吊肚、狮子嘴、麒麟目。

（2）运劲发力：内气运作，吐纳平顺，发劲讲究力摧三关（三节力）、瞬间发力（节力）、劲由脚生，运腰送肩达臂。

（3）行拳要求：招招有势，势势有法，法法有用；拳势激烈，劲力贯尾；腿低冷，手法吞吐浮沉，出手不离中门，出技对子午；垂肘不露肋，回手不落空。

（4）技击要求：招中藏招，招上变招，以静制动，以柔克刚。

2. 套路拳诀

（1）一路撩手　传自黄绍腾，共20式：一路三进扯凿到，拂手回卸扯凿到，左右侧身截带拂，拂手再卸扯凿到，垫步侧击下亭王，抽身带持顶亭王，回持挤按再顶亭，拂手再卸扯凿到，转身回步半撩手，持手进步再撩手，左持右搭左撩手，右持左搭右撩手，持手踏进再半撩，退步收身全撩出，再持进步当中撩，回手双持双手拂，收身再卸扯凿到，转身回挡双偶拨，拂手再卸扯凿到，拳收抱请缓吐气。

注：诀中"扯"字带有紧捻开撕之意，"持"字则为出手后收招过程中平掌回抠的动作，体现"出手不空回"的特点。

（2）犀牛拳　传自黄绍腾，共16式：犀牛起势三献角，肘击卦头取上亭，门开两扇对底踹，直击双插实血坑，牵牛过坎顺势推，再逼中牙连底击,两边双采带牛捶,转身斩击后吐牙,牛转乾坤起双角,双雷贯耳霸王酒,返身横拽牛鞭扫,左右牛蹄过身铡,牛斩牛挑连牛锁,横出牛角连三击,尾献牛刀拖中势,抱拳吐气缓收式。

(3)鹰拳(老鹰披翅) 传自林壁,鹰拳特点:曲步微蹲,双手似鹰抓,注重贴身短促发力,实出,刁、拿、锁、扣,分筋错骨;以低位勾踢,辗转腾挪,点穴断脉,内闪跳崩;时如蛟龙潜底,疾风出涧,亦似雷霆万钧,高空扑击。

诀云:

    形同风闪摆杨柳,眼如电击一瞬间;
    手如鹰爪腰似轴,静如山岳动如风。

何文水演练犀牛拳

何文水传承授徒

何文水演练扁担法

何文水演练犀牛拳

第十三节

郑瑞凿习传拳械

郑瑞凿，1955年生，自幼酷爱中国传统武术，曾到浙江学习天台山内劲功，随方国胜学习广东南拳及跌打损伤医术，1978年随莆田太极拳名师郑景耀学习传统杨式太极拳，后经郑师父引荐，拜林璧先生为师，学习莆田南少林灼哥派武术。其中拳术套路有：八宝，三战，古技，撩手，一路，犀牛拳，四门，六步挑，挂领锏，老鹞批翅等。器械套路有：四门扁担，合剑，单刀，棍法，还有各套的徒手和器械对练，以及本门独特的按十二时脉道疗伤等所有技术，为林璧师父的关门弟子。

灼哥门派武术，内容丰富招式凌厉，具有非常突出的技击特点和医疗保健作用。无论徒手或器械，总要求腰腿肩胯协调统一，形、意、气、力同时到位。"放步仔""持手""三节力""吞肩吊肠"等技巧都实实在在地贯穿在套路、对练和实战中。其主要特点如下。

1.下盘稳固，劲力顺达

演练犀牛拳时，要形神统一专注，动作上含胸塌腰，收敛臀部，下降重心，前腿稍弓后腿稍曲，上虚下实；放小步要轻灵，进正步须震地，震声务必沉重踏实，如铁锤砸地般坚实有力。盖因气血畅通是人体最佳的生理表现，而震脚对疏通经络效果很大，因为足部有足三阴三阳的起止点，两足在下机体在上，足三阴三阳起止点一张一合，经气启动，经脉畅通气血旺盛，气力也就大增。步法须轻重结合，练出强有力的活脚，于实战中实施踢撞、踩脚臁、踏脚面、套管勾等攻招。

犀牛拳重视拳和肘的作用，出拳迅猛，一拳二招，以攻代防，连消带打；套路招式以腰为轴，肩作指使，手为体现，"三节力"一气呵成。该拳种尤其注重脚力，以脚力提升"三节力"的质量，出拳踢腿呼呼有风，进身定势恰到好处，做到劲力顺达，打出气势，仿效犀牛，静若处子，动憾山岳，无所畏惧。

2.进身进马　贴身靠打

"短打"是南少林武术的主要特色。一路及四门拳套路中，要求进步先放小步，这小步与通常的三角步不同，须轻灵稳健，向侧向前，距离不可太大，移步不停留，配合手法立即上正步，此为避正打斜的技巧，是灵活的粘贴靠打。这些拳种主张后发制人，在套路中体现为，进身进马以"持手"（莆田方言，即采拿）为先导，可向内，亦可向外，一搭上手，即施采拿之术，在破坏对方身体平衡的同时，已是身马贴进，优势立现。这种技法十分独特，与太极拳里的螺旋劲颇为相似，"持手"实质上就是卷腕缠绕配合呼吸的有意识运动。在这里,"持手"与"放步仔"是比较独特的技法。

四门拳重用肘技,横肘、挑肘、射肘、砸肘,非近身不用。故有"进身进马,杀人如割草"之说,是这门拳术部分特色的地方。

3.吞吐呼吸

吸合呼开少不了气,气离不开呼和吸。吞即是吸,即是柔,即是化,即是虚,也是沉;吐即是呼,即是刚,即是实,也是发。这在实战中就像太极拳里的虚实开合,只有讲究虚实开合,并配合一呼一吸,翻腾起伏,一松一紧,技术才能得以充分发挥,对方也不易寻着"套路"。

拳术套路中的吞吐沉浮与呼吸配合完美,如三战中的采手卸发等,犀牛中的犀牛献角、下山虎、阴阳锤等,老鹰披翅中的雄鹰起翅、披翅、抓弹等。

吞吐沉浮也给套路本身增强了节奏感,相对应的一文一武的腹式呼吸,不仅使重心稳定,还大大增加肺活量,腹部肌肉有节奏有意识地收缩和舒张,胸腹腔内的各种筋膜韧带得到合适的运动,这对脏器是个良好的"按摩",会促进细血管里血液的加快循环,促进胃肠道蠕动加快,提高消化吸收能力,增强新陈代谢功能。

4.老鹞披翅拳法

老鹞披翅拳法由瞎子添所创。20世纪20年代中后期瞎子添受聘在柯君堂开设的莆田国术馆任武术教练。到了30年代初期,他辞去国术馆教练之职,成立了国粹会,在莆田城内的凤山宫开设武馆,招收门徒,传授武术。这期间,他集技术特点及自身的实战体会,独创老鹞披翅拳法,作为馆内门徒最后修习的一套拳术。

(1)套路招式

① 请拳　　　　④ 老鹞扑鸡　　　⑦ 拨草寻蛇

② 老鹞展翅　　⑤ 右披翅　　　　⑧ 羊哥献角

③ 老鹞拍翅　　⑥ 左披翅　　　　⑨ 抬头望月

⑩ 披翅左拉　　　　㉑ 右起翅镖脚　　　　㉜ 右三节力

⑪ 披翅右拉　　　　㉒ 展翅后跳　　　　　㉝ 左右披翅侧撞

⑫ 右镖脚双击　　　㉓ 跳步前扑兔　　　　㉞ 展翅后跳

⑬ 左镖脚双击　　　㉔ 左右老鹞啄食　　　㉟ 前扑兔

⑭ 左起翅打剪　　　㉕ 翻身莲花出水　　　㊱ 退步童子拜观音

⑮ 右起翅打剪　　　㉖ 左右莲花出水　　　㊲ 宝刀出鞘

⑯ 左扑击打圈　　　㉗ 水蛙入洞　　　　　㊳ 铁耙扫地

⑰ 右扑击打圈　　　㉘ 双龙吐须　　　　　㊴ 老鹞拍翅

⑱ 左起翅转身出爪　㉙ 转身入巢　　　　　㊵ 请拳

⑲ 右起翅转身出爪　㉚ 三节力

⑳ 左起翅镖脚　　　㉛ 左入巢

（2）风格特征　该拳法神形统一，下盘稳固，步法灵巧，招式猛烈。以指尖、指节、掌、腕、肘、肩、背、头、膝、胯等为进攻武器，臂当翅，指作爪，进退吞吐起伏，出招弹抖缠绕；出击回带，抠、抓、点、击、掐、拿、撞、靠、拌、拍、劈、撕，专攻对手穴道及筋膜骨节等要害部位。发力时强调蹬腿扭腰送胯转膀呼气，分清虚实，进身进马，四肢协调互动，形合于意用，防中带攻，攻中带防，一招多用，招招连环。

出于实战要求，老鹞披翅拳特别强调下盘功夫和手足的配合，吞吐沉浮的运用。该拳种不尚翻腾高腿，只求稳打稳扎，凭借灵活多变的殊胜步法，变换身形体位，闪避自如。以进身进马，贴身靠打来扬长避短，发挥威力。

上肢动作随势而生，密而迅疾，多为上下左右连环出击，且目标明确，招含意念，直指对方要害；一旦动手，力争主动，直取目标。故其杀伤力极强，为灼哥门派的重点套路之一。

（3）演练要领　老鹞披翅拳演练时要头颈正直不僵，垂肩沉肘，圆胸实背，收腹松胯。双肩不可对夹或上耸，腋下须要留有空隙，重心下沉，身灵步活。不论什么动作，肘尖均须向下，肘不贴肋亦不离肋，呼气发力，力随意去。

老鹞披翅拳高度重视腰胯功能，尤其讲究胯部功夫。要裆开裆圆，尾闾中正，臀部收敛，稍向前向上弧，与垂肩沉肘收腹塌腰相应形成一个弧形整体。身动胯先行，以胯为机要。拳师传授：宜将胯部当作船舵使用。胯灵则腰活，腰活则身稳。胯若不活，免谈功夫。

老鹞披翅拳师通常要求先在桩步上综合训练胯腰及身法，掌握一定技巧后，在双人搭手法和磨技及对练中应用验证。这些综合而有特色的身法要求对健身也颇有功效，因为人体胯部肌肉丰厚，血气运行较差，很容易因疲劳、疾病或年老而僵凝和纤维化，导致两腿迟钝无力，快速老化。经常下意识地进行腰胯锻炼，能交通上下，全身气通血活，腰腿自然强劲有力，机体轻灵敏捷。

老鹞披翅拳以手为主，技手硬朗，指节强劲灵巧，强调训练臂掌的弹抖之劲和指节的抓掐之功。弹抖出手，要求指掌不见形，关节有声，疾去速回。掐拿时，指关节弯曲，五指同扣，形似鹰爪。

（4）练功方法　练功力的基本方法有五指抓扣小口罐坛，搓竹筷，抓麻沙袋，在暗室里解麻绳结等；还有击打沙袋豆袋等器具，练出天地骨（桡骨、尺骨）的硬度；要求双手快如蛇舌，灵似鹰爪。触及对手，劲透筋骨。

追求实战效果是老鹞披翅拳的灵魂。为了学以致用，该拳种特别强调"磨技"。首先，它不是平马步，单技手，不是使对方重心变动而脚步动摇为终结，而是双技并用，攻防兼备。本门的"技"术要求很像太极拳里的推手，主"技"领劲运作，副"技"防着相随，双手如影随形，不得丢失。粘引牵压卸发，阴阳开合，磨技中暗藏着诸多一击必杀的玄机。磨技实际上是进入另一种境界的实战。磨技是套路转入实战运用的桥梁，必须不断磨炼，磨出劲力、听力、化力和控制力。

磨技是特殊的对抗性的实战训练，是形、意、气、力、巧的完美结合，既能直接地提高技击水平，也可作为体育和娱乐活动项目，男女老少皆可参与，十分有趣。

总体而言，老鹞披翅拳招猛势烈，内外合一，技法独特，是防身制敌的利器；其动作协调，刚柔有度，形态自然，能使人的速度、力量、耐力、协调性等得到很好的锻炼，从而改善身体机能，且其桩步可低可高，练习强度、密度随意可控，老少皆宜。

5. 训练程序

灼哥门派有着十分完整、科学的训练方法和顺序，要求习武者须先进行较简单的基本套路锻炼，如八宝、单技、双技、小三战等，训练初学者身手步眼及发力方法，使初学者的肌肉骨骼、呼吸及意识等适应此后的深化；在具备了一定的功底后，再进行较复杂的套路练习，如老鹰披翅、凤拳等，同时开始学习本门的长短器械和器械对练。如各路扁担、刀剑、杖法、凳子法等，之后双人对练体会。在此过程中，必须进行"搭手法"。该门派的磨技不是站成平马步，而是站成两脚一前一后的出入步，磨技中，跌、打、摔、拿，尽含其中，明者为跌和摔，暗者为打和拿（此两法只能体认不能体现）。所以，"父子手"（正副手）相辅相成不可忽视。磨技训练非为争输赢，而是体会劲力的运用和掌控。

再接下去是技巧性更深的技法练习，然后才是扁担、刀、剑、棍子等器械的学习演练，最后，有的可能再学到一些心法和基本的伤科技术等。

6. 传承谱系

代别	姓名	性别	出生年月	传承方式
第一代	南少林高僧	男	不祥	师承
第二代	蔡灼哥	男	不祥	师承
第三代	盲人添	男	不祥	师承
第四代	林璧	男	1910年	师承
第五代	郑瑞凿	男	1956年	师承

续表

代别	姓名	性别	出生年月	传承方式
第六代	郑延晋	男	1983年	家传
	郑加钦	男	1963年	师承
	郑加奇	男	1969年	师承
	郑国新	男	1970年	师承
	郑尚润	男	1998年	师承

郑瑞凿在演练"老鹰披翅拳"

第十四节

释学明习传拳术

释学明（俗名：武军），男，1974年生，祖籍甘肃省。自幼喜好武术，后就读湖南省湘中武术院，对鹰爪门气功有深入的学习训练。2001年来到福建省莆田市，因慕禅武兼修的南少林武术文化，与佛结缘，入住莆田广化寺，剃度出家，就读广化寺福建佛学院至研究班毕业。2006年调往莆田南少林寺，协助释如重、量修组织培养训练武僧，参加了两届在南少林寺举办的"中国莆田南少林国际武术文化节"大型武术表演。后任莆田南少林寺武术总教练，至2013年离开。现主要学练南派传统拳种南鹰拳。

1.风格特征

南鹰拳源于南少林寺，后隐没民间。其套路技术特点突出鲜明，以鹰爪为主神，象形取意，模仿老鹰出击捕食、展翅盘旋、蹬枝撕把、上架、入巢等习性，将鹰禽一系列特征，以武术动作形式表现出来：攻击时爪坚力道，发劲凶、抓扣狠；移动时跌宕起落，脚步轻巧，缓急着重；招式刁钻，技击实用。

长期学练此拳，身法灵活，手脚明快，指力增长，俊目有神。因其具有鲜明的南拳特色，故称"南派鹰拳"。

2.技艺特点

现在流传的南鹰拳由练功方法、套路演练和技击欣赏三部分组成。练功方法主要通过抓河沙、抓沙袋、抓铁球、抓坛罐、抓树木等手段，来练习鹰爪力。

套路由27个动作组成，多以鹰爪为主，象鹰取意，拳势凶猛，动作遒劲，两臂弹抖，劲力顺达；技击方法独特，如拳谱所云："鹰捉鸡，捕飞鱼，伏兔鼠；象其形，取其意，妙其中；手抓打，不空发，肉一把"。

南鹰拳技术性表现在左扑右抓、招招紧逼之态，其爪势忽左忽右，丁步跟进，轻巧跳跃，稳中独立。

表现风格为：蹲身递进，身法低沉，蓄劲含力，腰马稳实，力达爪指。

3.流传分布区域

本套南鹰拳主要在福建省莆田、福州地区流传。

4.传承人概况

释学明现任莆田华亭樟塘村田福寺主持，福州市传统武术协会副会长，莆田南少林武术协会副秘书长。

释学明演练南鹰拳

释学明传授猴拳

第十五节

陈美育习传拳术

陈美育，男，1944年出生，莆田新县镇上茅人，师从永泰云岭（也称浦岭）的鸡法拳名师、别号"阉猪润"的谢可亨，精心习练鸡法拳。因其崇尚武德，并热情推广中华传统文化，被推举为莆田新县夹漈草堂董事长、管委会主任。

1. 渊源传承

清朝初期，莆田南少林寺因参与反清复明活动，遭朝廷围剿，寺庙被毁，僧侣被杀。时有劫后余生的武僧铁珠和尚及其徒安海流落永泰。铁珠和尚在永泰赤锡浦岭为谢氏族人收留后，收谢友生为徒，在当地传授其独创的"鸡法拳"，该拳一直传至外号"阉猪润"的谢可亨。安海则在永泰葛岭濑下村被王季仗收留，并独创了安海醉罗汉拳。至今，永泰武术界尚流传有"浦岭指，安海脚"的说法。

鸡法拳，是铁珠和尚在观看斗鸡时产生灵感，而在南少林武术的基础上，根据斗鸡的动作特性所独创的拳术。铁珠和尚精通医术，为其独创的鸡法拳注入了相关的拳医理念，其中有"十二时辰打穴防身法"及"二十四路行针点穴疗伤法"之独特技艺，同时结合当地青草药配伍之法同步施教，因而其门下弟子多能悬壶济世。

20世纪50年代初期，谢可亨在莆田梧塘一带以阉猪为业，一次与当地拳师发生冲突，被逼出指点穴，而致对方丧命。该事件让人见识了鸡法拳的绝技，却也给谢可亨留下了终生懊悔，此后，他对后代门徒制订了严格的人品考察和入门规矩，要求习练者必须熟悉拳医理论、学成解穴疗法，无偿为伤者疗伤医治，所以在永泰、莆田山区一带深受百姓的拥护和爱戴。

20世纪60年代，谢可亨认识了陈美育，因见其年轻好学，酷爱习武，且正直厚道，便将鸡法拳悉心传授。

2.拳法特点

该拳种象形取义，动作快速多变，身腰灵活敏捷；其手法有指、爪、顶、掌、拳等；其步法多采用三角马、独立步，巧妙多变。技击中，往往以指御敌，指必伤人；战术上，善诱敌深入，一招制胜；行拳中，注重气沉丹田，力贯三节；所有套路均贯穿十二时辰穴位打法。

3.主要套路

（1）一路三战；

（2）千里倒；

（3）二十四宝；

（4）三十六法；

（5）七十二法

（6）一百零八招；

另有对拳及棍法等。

陈美育拳师表演南少林"鸡拳法"

第十六节

吴锦春习传拳术

吴锦春（又名吴金春），1955年4月出生，福建省仙游县鲤城镇洪桥街人，莆田南少林武术协会理事，少年时拜当地拳师习练传于仙游一带的白鹤拳，该拳种也模仿鹤形，风格独特，但有别于莆田地区"五八"拳派的白鹤拳。

1999年与武术名将王慧玲、陈思坦、陈宁、吴晨艳、洪光荣等同台献艺，还与来自日本、新加坡、美国等地的武术团队一起表演。参加过中央电视台五套《中华武术集锦》纪录片中关于南少林拳术的拍摄录制。

2006年起参加福建省及全国的"武术之乡"武术比赛，表演的鹤拳与鹤技器械均获奖。

2011年3月应邀参加在中国香港举办的第九届国际武术节获得南拳（白鹤拳）比赛项目金（白鹤拳）、银（鹤枝器械）、铜（对打）奖牌。

1.传承谱系

代别	姓名	性别	出生年月	文化程度	传统方式	学艺时间
第一代	林吓洪	男	1865	不祥	师徒	不祥
第二代	林万雄	男	1905	私塾	师徒	不祥
第三代	黄炎	男	1918	私塾	师徒	36年
第四代	吴锦春	男	1955	高中	师徒	40年
第五代	蔡童发	男	1965	高中	师徒	6年
第六代	徐炎娟	女	1977	大学	师徒	1年

2.拳理

依五行相生相克之理，吞吐浮沉，蓄势待发，行拳中气沉丹田，动静结合，刚柔相济，以气催力。

3.套路

（1）五技；

（2）三战；

（3）四门；

（4）猛虎跳高墙；

（5）白鹤亮翅；

（6）吞吐沉浮五行阵变；

（7）技击推手。

吴锦春在演练"白鹤拳"

吴锦春徒弟黄志文演练鹤翅双刀

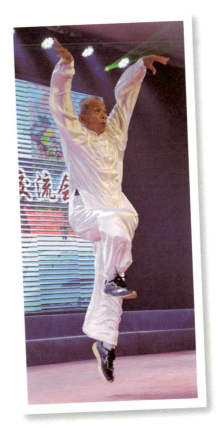

73岁杨金龙师傅演练白鹤拳

杨金龙和徒弟李良彪对练

第十七节

余玉林习传拳术

余玉林，男，1924年1月出生于度尾镇度峰村，14岁时师从当地名师余文飞学习鹤拳，中国武术六段，多次参加国内外武术比赛和表演。1994年他代表中国莆田武术队参加"中国国际南少林武术邀请赛"获优秀奖；1995年4月作为福建武术代表团成员，赴日本冲绳那霸市，参加第四届中日武术交流大会。

他的食鹤拳套路及畚箕法、锄头法、扁担法等器械套路曾在中央电视台第四套《走遍中国》栏目和东南电视台播放。

其所习练之白鹤拳含"吞吐浮沉""五行相生相克""动静疾徐"三方面内容。套路有：① 白鹤献瓜；② 三战；③ 缠枝；④ 白鹤展翅；⑤ 美女梳妆；⑥ 鸭子汆水；⑦ 螳螂照日；⑧ 秋风扫地；⑨ 力士脱鞋；⑩ 螳虎擒猪。

后又有令玉锤、令玉戈及七身十三太保等三路南少林拳套路。

92岁老拳师余玉林演练食鹤拳

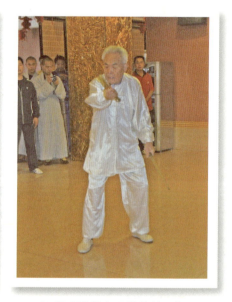

92岁老拳师余玉林演练双锏

第十八节

陈玉樵习传拳术

陈玉樵，中国武术六段，莆田南少林"韦驮拳"的代表性传承人；曾参加由中国武术协会主办的武术比赛，在南拳、器械及对练等项目中获得金、银奖；也曾以"武术文化学者"的身份，在中央电视台的武术系列片中阐释南拳文化；创作有长篇武术小说《南少林传奇》等，积极宣扬推广南少林禅武文化。

1. 技手法

南少林拳种的推拿练习俗称"磨技"。"技"，指的是技手，"磨"，是对训练动作的形象描绘。在多年的习武过程中，陈玉樵观摩各家技法，结合自身体会，整理出一套"韦驮门技手法"，作为本门拳术的基本功训练方法之一，主练力道、力度、协调及用劲意识。撇下步法不表，单就手法而言，韦驮门技手有以下三种。

（1）五行技　取意于五行相生相克之理。假设用的是右手技，习练者二人面对面而立，各竖技手于胸前，腕面交贴。在整个磨技过程中，技手始终相交，双方动作相同，唯完成动作的时序交错，方向相反，对应的位点也就体现五行中相克之理；而己方的动作过程则循五行中相生之道。

举例而言，己方的技手自五行中之"土"位起，下一位点即为"金"位，盖因土生金，而这样用出的技手称为"金技"。而己方的"金"位，为对方的"火"位，因对方欲以"火克金"；己方欲解之，即用"水技"，将技手压至"水"位，以水克火。依此类推。

具体而言，由于五行相生相克，循环而行，无头尾之分，而"土"为五行中之中位，所以，磨技之始，先将技手往回收，靠近自身，这是我方之"土"位。以"土"为始,向右平拨至身外侧,或微微斜上至右肩头,到达的位点为"金",用的是金技,克对方之"木技"。

此时,对方技手所在的位点为"火";于是,我方用水技克之:往前下行,向对方左腰侧推去,那儿是我方所视之"水"位。

水来土掩。对方用"土技"来化解,将我方技手上提至位点"土"。我方变水技为木技,继续前推,至其胸口,这位点是我方所视之"木"位,以此来克对方的"土技"。

金克木。对方用"金技",由"土"位行技,去右侧之位点"金";我方就用火技,技手随之至其右肩外,该位点为我方所视之"火"位,以克对方"金技"。

对方即以"水技"下压,向我方左腰间推来,欲以此招制胜。我方便以土技克之,将其"水技"斜拉至我方之"土"位,回到磨技起始状态。

上述技法循五行相生相克之理:由土技生成金技,金技生成水技,水技生成木技,木技生成火技,火技生成土技;以土技应对水技,金技应对木技,水技应对火技,木技应对土技,火技应对金技。

五行技的用力也有讲究,自"土"位起,金技用力为"挂",水技用力为"压",木技用力为"并",火技用力为"升",土技用力为"落"。

挂,以横力解直力;压,以坠力化斜力;并,较合角之力;升,止其上扬之力;落,卸其下压之力。

磨技伊始,先悬腕,而后的动作技法有:拧腰、夹肋、摆胸、沉肩、展肘、推腕下压、献肩、抵掌、顶肘、展臂、转腕、坠胯、收腹、凹胸、回臂、夹肘、翻腕等,该技法重在训练如何应付对方不同的力道及如何发挥自己不同指向的劲力,用心训练,可加强正确因应的意识,在实战中及时应对,灵活化解。

(2)四点技 该技法侧重训练被动情况下的用力。

习练者技腕平于胸口,右手技向右横拨至右肩头后,往前推向对方的左肩头;被对方拨向其右肩头时,回收至自己的左肩头;再向右横拨。如此周而复始。

要领：技手横行至两肩外，宽度以左右均可护住自身为宜。

（3）圆技　该技法侧重于训练争取主动的意识。

习练者的技手所行路线为平面圆形。由于磨技较量中，技手处于自身左半部时显得很被动，所以，为改变劣势，争取主动，每当技手被对方拨开时，应及时反应，力求不过中位线，于是，既顺其力，又带牵引，技手行圆弧形路线，收回至胸前，而对方亦然，如此，双方技手所行路线便俱为圆弧形。

作为南少林拳的基本功训练方法，不管哪一种技法，其基本要求都是：底盘扎稳，腰肩着力；以力就力，四两拨千斤。

在对练中，要讲究肩、腰、胯三劲与技手之力的配合，扭转起伏，劲力随生；时紧时松，紧中有松，松中带紧，体现刚柔相济的功效。

对练中要注意的是：磨技过程中，左手掌心始终在离对方右肘锤二三寸处，以防滑技或脱技时为对方肘尖所伤，或被对方以臂肘推倒。遇滑（脱）技时，应即刻以左手掌抵住对方右肘尖，同时，右技手下扣，叼住对方右手腕，如同用两手拿住对方的手小臂，这样，一为防止自己被伤到或被撞倒，二可扶住对方，助其立稳。若是对方有意脱技，借机袭击，我方则可向右稍一扭腰侧肩，双手顺势一带，将其拉向一边，甚至摔倒他。

技手法看似简单，实则意义重大，功夫练到深处后，只要一搭上手，对方不动则已，一动便几乎同时就感受到其力出于何处，欲打向何方，并随之作出反应，化解对方的力道。这就是"听劲"，也可以以莆田方言称之为"撕力"，意即将对方的力撕开，破坏对方攻袭的力量。此时，会撕力者不仅仅是发挥手脚的作用，同时还动用了全身的视、听、触觉及意觉等生理功能，参与因应系统，因而达到举重若轻、四两拨千斤的目的。

2.韦驮拳

"韦驮拳"为莆田南少林寺护法拳术，取义于佛殿护法正神之名，附着于南禅文化，是典型的南少林传统拳种之一，与南少林武术的发展有着密切的联系。

（1）传承与发展　清光绪年间，莆田涵江哆头的李道乙自幼习武，后又只身前往永泰县一寺院中，随寺中的武僧习拳苦练十年之久。回乡后，在教习南少林拳械功夫时，将韦驮拳秘传于其侄子李文澄拳师。李文澄拳师在莆田传授武技。20世纪60年代，莆田市荔城区黄石横塘的张元树拜李文澄为师，学得此拳种后，将该拳种传授给陈敏、陈玉樵、林敏东等多人。该拳成为具有鲜明莆田地方文化特色的一个拳种。

"韦驮拳"包含六套子拳，为"三技""十八母""撩手""五缠""五虎"及"四十二母"，针对不同技法，设计了目标十分明确的训练，各子拳自成套路，练技、拳、掌、爪、锤及以点打围，即以一敌众，练身体各不同部位的进攻和防守。韦驮拳传至第四代，渐趋成熟，第四代传人陈玉樵潜心习武，精于思索，为推广宣扬南少林武术文化，综合六套子拳的典型招式，整合出一套既体现南少林拳义理风格，又可上台比赛表演的套拳，并凭此拳参加由中国武术协会主办的大型武术比赛，荣获金奖。

（2）风格特点　该拳种风格刚猛，步法稳健；而用腿简单，手式丰富，善用手形变化，出击点多，灵动活络且又缜密严谨的风格特征，则为其他拳种所少见。基本功则以桩功坐势、腰背坚拔为主，故移步动作简单，但刚捷实在。力道迅捷，表现在短击、长打、斜甩、横摆等方面。其套路练、战结合，技击性强，技巧性突出。

该拳的招式结合人体力学原理，实效性强。除了攻招、防招及攻防转换之招外，还有一式兼具攻防两用之招。用招时气沉丹田，以气催劲，发力迅猛。攻势凌厉，防守到位，攻防兼备，技法独特。

该拳讲究以气催劲，手至力发，进攻威胁性强；防守多以圆转之形、粘缠之劲，再辅以架撬之力，化防守为出击，有效实用，既显灵捷之形，又富有阳刚之势，内涵丰富。

该拳种技击性强，技巧性高；出于对禅武文化内涵的独特理解，其招式利索流畅，发力迅捷，动静结合，节奏合理，集中体现了短打封闭、以硬击软、圆转轻化、粘缠自如的特点。

（3）文化内涵　韦驮拳集演、练、战三位一体，也即演练结合，富有实战性。这里的"演"不只局限于表演，那样会有花拳绣腿之嫌。"演"实为演示，展雄姿，现气势，主演者不仅自己要把握住每一招的来龙去脉，还要开观学者之窍，让有心入道者了解招式的形成以及要发挥的功效，盖因韦驮拳乃佛家拳，佛徒不单为救赎自身，还须弘法利生，所以教习此拳，便有"开解"这一重要环节，就是在演示时"点窍"，道出关键之所在。

造诣深者除讲明如何应对防守、怎样伺机进攻，哪些招式在何种对战局面中使用外，更要根据习练者的不同特点，启发他们如何发力。

如何发力，是禅武之道中的精髓。慧能认为，定慧为本，定是慧体，慧是定用，就像灯光，有灯才有光，灯是光之体，光是灯之用。就南少林拳理而言，拳为力之体，力为拳之用，重创敌手的不是拳，而是力。当然，体用结合，这里，拳脚是载体，功效大小则取决于力度的强弱。

此外，中华文化历来推崇天、地、人三者合一，这在南少林拳中也有充分体现。用力之道，天、地、人合一。人接地脉，力发自脚底之地；力经人体，聚气而出；出于肢体，触及目标（对方）之际，力达极点，此为通天意。所谓通天意，就是指哪打那，打出贯尾之力，最有效地达到防守或攻击的目的。

所发的力既有前冲之劲，又有后座之劲，若后座失去依托，前冲之劲必然减去几分，基于此理，韦驮拳的出招发力，有很多是力从脚底发起，继而托臀、抵腰、扭肩、出手，一气呵成，于瞬间将全身之力送至末梢。

在此，出力、传力，直至发力的过程中，力速在某种程度上起了决定性作用，而影响力速的主要原因是关节肌肉的紧张与否，过度的紧张势必破坏动作的协调，力的传发过程便产生了障碍，击中目标的力道也就大打折扣了。所以说，自然放松，是正确发力的基本要素，让自己力发得顺，先要保证即心即意，意念专一于自然浑成中，由此，发力便与禅道之理相融相行，研修发力，就顺理成章地成为了禅武兼修的一大主题。

韦驮拳套路中没有高难度的体态动作，不会一字马大劈叉的人也可以打出一套既漂亮又实用的拳脚——这也与南禅中"即心即佛""人人皆可成佛"的义理相吻合——在具备了会发力的前提下，只要足够灵巧，就会在明确判断之后出招及时，成功奏效。

灵巧性除自身原有的反应敏捷外，也可以通过不断习练，形成生理反应链来提高。

韦驮拳兼具猛劲与巧技。其显著的风格特征是以阳刚之气势展凛凛之威仪，降魔护法，解危除灾。该拳不为争强斗胜，只行惩恶之道，所以，整套拳中概无诱敌之招，即使有个别招式用出后变为佯攻，那也只是假定前招一旦落空，便当其为虚招，后一招随即前进攻袭，击敌于疲于奔命或立足未稳之际。

该拳还有一个特点是，手脚有不少动作走出圆弧形路线，在化解对方进攻、扫除障碍时，显得轻松顺畅，正可谓，以圆来和四方，于朴实简约中见内涵，用自然和谐诠释美感。

北少林寺继承慧能遗风，在学佛理接禅机时作风平实，处处透露真谛，其武功风格也大致如此，长弓大马，吞吐循规，处处显露功力；而南少林寺在习禅接机的方式上则如马祖道一，善于随事物的发展解开学者情结，使之适时顿悟，因此显得机锋峻峭，变化无方，这体现在武术上，就是卷舒擒纵，杀活自如。

韦驮拳短打封闭，灵捷而不乏力度，解劲与冲力相辅相成，讲究的是扬长避短，不惧强敌，不讳闪避，故而进退裕如。其最突出的特点是手法及其动作丰富多变，又丝毫不拖泥带水，常可于激烈的对抗中出奇制胜。其拳风与禅理中之"机锋峻峭、杀活自如、登堂入室"有异曲同工之妙。

1）机锋峻峭　套路中好几十个招式，招招都可独立使用，且绝大部分都具备杀伤力，力图一招中的，使对方丧失战斗力，即使是防守之招，也能伤人，如子拳"三技"套路中的招式"牵牛摔角""金钩剪"；套路"十八母"中的右掌外翻拨敌腿脚，左手撩阴；套路"撩手"中的"海底捞月"。

2）杀活自如　进马、退马时，脚的移动都走半圆形路线，可拨开地面障碍，进退自如；手的动作也多在空中挥划出圆弧形路线，四两拨千斤，却又显得干脆，能缠能脱，如"十八母"中的"搭手一支香"等。

（4）技法特点　此外，韦驮拳还有以下几个具体特点。

1）与众不同的抱拳　各种文化的表达形式无不与其所处的社会背景有着密切的关系。在南少林拳中，抱拳又称"请拳"，该拳种中的"将军挂印"一式即为抱拳行礼，其动作不似北拳那样大开大合，尽显大气，而是先亮左掌，右手隐于腰旁，握拳伸出，与左掌相切于胸前，动作委婉，不刻意展现气概，但含蓄隽永。据说这是因为南少林寺曾为反清复明的营地，南少林武僧以此式寓意潜出林间，会于江湖，以图大事。

2）用气之法　大致而言，起招时吸气，全身放松，此刻为体内积聚能量，也即定神聚气之时；招发时呼气，气出口鼻招即至，此时，力达末梢，速度力量兼备。

3）手式　韦驮拳的手式丰富多样，大体上分技、拳、掌、爪、锤五类，常用的有以下几种。

① 技：伸掌，五指并拢，掌面平于臂，以指头进攻。

② 拳：（略）。

③ 掌：（略）。

④ 爪：有鹰爪、虎爪等，可抓可扣。

⑤ 锤：握成拳，以拳面进攻。

⑥ 一枝香：竖掌于身前，食指向上伸直，余四指微抠，左掌则掌心向右，右掌则掌心向左。

⑦ 金剪手：双技手的小臂交叉，掌心朝外，交叉点在锁骨前方六七寸外。

⑧ 十字手：手小臂交叉，掌心朝内。

⑨ 金钩手：大拇指微屈、余四指微扣，掌心向下，横于身前。

⑩ 珠拳：手握成拳，以大拇指之中骨节顶住食指末节，使食指中骨节凸出其余三指，用以攻击穴位。

⑪ 抹墙掌：掌心朝外，竖掌于身前，挥划圆弧形，如抹墙状，用单掌时，左掌逆时针而行，右掌顺时针而行；该式可以用掌缘御敌，或在运行中化为爪反守为攻。

4）步法

① 步距：往前或退后一脚为半步，近30厘米长；以此类推，两脚长则为一步；一大步为超过一步长。

② 步迹：不管是进是退，双脚的移动都走的内弧步，即脚底在地面上的移动路线为半圆形，弧顶靠近身体中线，这样，可缩小地面上的用脚面积，也即减少地面杂物的干扰，亦可扫开障碍物；而对人体而言，心居中，移步动身，触地之足都要靠中以照心，此为佛家之理。

③ 步式：有迈脚向前的跨步、踏步，有抽脚向后的拖步，而后退半步时，先动后脚、后动前脚，以及前进半步时，先动前脚、后动后脚的，是为滑步；此外，还有跃步，就是双脚蹬地，跃前或跳后一步，跃前时，后脚先落地，跳后时，前脚先落地。

（5）韦驮拳套路　该拳种共有六个套路，分别训练技、拳、掌、爪、锤及以点打围等技法：

① 三技

② 十八母

③ 撩手

④ 五缠

⑤ 五虎

⑥ 四十二母

（6）套拳招式　起势：立定，双肩松垂，沉腰坠臀，目视前方。

① 白马悬蹄：左脚走前半步，全脚掌着地，右脚跨上一步，前脚掌着

地，后跟悬起。

②将军挂印：左手斜掌，右手握拳，拳掌相切，推至胸前。

要领：这是江湖上"请拳"之礼，与众不同的是，南少林拳请拳行礼时，要先提肘，在右手隐于腰间时，才握成拳，从腰肋间伸出，交切于左掌心，成五湖四海之意。

③落身插骨：右脚回收半步，与左脚平行，双手收回，掌心向上，掌缘紧贴腰边，瞬间挫身下沉，同时翻掌向下撑开。

要领：此招练重心沉稳及臂力外张之功，在被人从背后拦腰抱持时，可用此法挣脱；也寓意以颤劲和张力解除束缚，清净五根。

④猴子抱瓜：右脚踏上半步，曲臂上翻，两掌心相对，呈抱瓜状，手指伸直，技手形成。

要领：扭腕时施力于掌根，双肘夹紧，护住肋下。扭腕的动作可用于挣脱对方的抓臂扣腕。

⑤出单技（右）：右脚踏前半步，左脚随之跟进，出右技手攻击，击出时掌心向下。击出后迅即扭腕回抽，复原前式。

要领：出技手时，力发自脚底，过腰中，经肩头，直达指梢；此时，身轻松，力骤紧，遒劲迅疾，始觉身体重心微沉，出技时身腰助力，故所发之力非只指尖之力，乃浑身之力；骤紧之要诀则使技手击出颤劲，力可"贯尾"。

⑥出双技：跃步上前，落地后双技平行击出。

要领：跃步轻盈，落步沉稳，腰身如簧，轻轻一沉，立即弹起，助双技发力。

⑦牵牛摔角：右膝微屈，重心前移，左手竖掌，再化为爪，抓扣对方前臂、腕部，往左下方一拉，右手作鹰爪，抓拿或拍击其左肩头，同时，重心后移，左膝屈，右膝直，成左仆步。

要领：抓扣时重心前移，抓摔时重心后移；同时要扭腰摆肩以助力。

⑧双批手：左化为朝天掌，右作伏地掌，劈向对方。两掌缘攻击的部

位可以是颈动脉、头部或脸部。

要领：出击时重心移至前脚，有推胯、送腰、摆肩的动作，幅度虽小，但爆发力强。

⑨ 金剪手：左掌下翻，两前臂交叠作剪刀状，右脚后退一步，双手向两边撕开。

要领：借助身体的后退，双手撕开的力度更大，所以，剪对手之手时，要同时后退，使二力合一。

⑩ 锦蛇啄鼻：弓步，左前右后，双技手一上一下，中线出击。

⑪ 掘地挖砖：双技手化金钩手，下抠收至腹前，同时，左前脚退后一步，右脚退后半步，并拢立定。

要领：以上两招为连贯动作，侧重于快速，因为这也可视为后退中的进攻。

⑫ 抓云罩目：左脚踏前半步，左手虎爪抓抠对方天灵盖至面门。

⑬ 铁锤开石（扣门手）：右脚跨前一步，右手握拳成锤，在左爪收至胸前之际，捶击对方鼻梁骨。

要领：上述两招为连环招，动作须流畅，若左虎爪未奏效，即可视为虚招，捶击立马跟上。

⑭ 双峰贯耳：双手握成珠拳，夹击对方太阳穴。

⑮ 急流勇退：以肘带拳，回臂护肋；同时右脚后退一步，左脚也后退一步。

要领：此招有回护之意，见好就收。后退时直面对方，双拳紧握，保持随时出击姿势。

⑯ 溪底捔鱼：先左后右，双脚各跨前一步，同时抡动双臂，拳化技手，向前托起，平于肩。

要领：此招意在清理来自两侧的威胁。

⑰ 鲤鱼翻肚：收肘翻掌，作双技手出击，两掌下压回抠90°后内翻转，掌心向上，指尖相对。

⑱ 犀牛照角：翻卷掌腕，左右掌根相对距离拳头大小，掌心向前。

要领：这一连串动作要求双腕有扭力、有甩力。

⑲ 海底捞针（右）：身体重心移至左脚。右脚踏前半步，成右弓步，重心落至右脚；同时，左掌作金钩手扬起，顺时针拨划至左腰下，右掌自左腰处捞起，至右肩头。

要领：此招也可对付对方的腿攻，左右掌交会合力，足以摔倒对方。

⑳ 青龙出水（右）：右掌回收至左胸前，腰肩微向左扭，重心稍稍左后移，双掌突翻，重心前移，双批手击向右前方。

要领：重心的移动是为批手助力。

㉑ 龙王回府：双腕翻转回收，右下左上，如抱球于胸前，掌心移至左脚作仆步。

要领：此为反守为攻时对付对手抓扣的挣脱之招。

㉒ 海底捞针（左）：双手做反时针揉球状，重心右移，提左膝，跨出一大步成左弓步，右手拨划左手捞起。

要领：同右侧"海底捞针"式，只左右方向相反。

㉓ 翻手覆云：左掌翻压，作金钩手，罩压至身体右上方后，向右划拉。

㉔ 下撩手：右脚踏上一步，右手以掌跟自右腰下推出。

要领：以上两招以左金钩手拨开对方的防守，右下撩手乘隙攻击对方肋下或颈动脉。

㉕ 金刚怒目：右脚退后一步，左手收至胸前，竖掌作"一枝香"式，右撩手收至右肩外，上身微微后仰。

要领：上身微仰是为下一招出击备势。

㉖ 上撩手：右撩手稍稍下垂，掌跟在上；左手向左翻拨，右脚踏上一步，右撩手撞出，招至时，掌跟在上。

要领：左技手翻拨，扫清进攻路线，右撩手击出时，掌跟拧转，上身前冲，力自腰间发，肩头助推。

㉗ 金蝉脱壳：左手轻护右小臂，右掌向下翻刮，收至腹前，掌心向上

左一枝香手弹起,悬于右掌心上五寸处;同时,双脚滑步向后。

要领:此为手被抓扣时的脱手之招。

㉘ 韦驮甩杵(右):右脚收至左脚心前,脚尖着地,向左侧身45°,斜肩正面,左一枝香手化作金钩手护身;右拳作锤,右脚踏上半步,挥锤自下往上向前甩击。

要领:一枝香手可向左隔开,又可向右推开,也可化金钩手拉开,以利于右锤出击。

㉙ 牵牛断骨:右脚收回左脚心前,再向右后方滑出一大步,重心后移下沉,成右仆步;同时,双手顺时针划一圆弧形,似右手抓对方手腕或袖口,左手拍压其肘部。

要领:划圆弧形抓扣,可分解对方之力,变右仆步时,借身动之势能增加拉动力量,左手拍压,可断其骨,又可借对方前冲之力,将其摔倒。

㉚ 韦驮甩杵(左):稍稍提身,右膝微屈,左脚收至右脚心前,脚尖着地,如第二十八招,只方向相反,为右一枝香手护身,左拳挥锤自下往上甩击。

㉛ 外翻十字手:左侧转至正面,双手交叉于腹前,掌心朝前。

㉜ 暗度陈仓:双掌向两边分开,作半圆弧形上扬至面前,成右上左下双技手,进攻对方面门与喉结处;同时,提右膝弹腿,踢对方裆部。

要领:踢腿挑灯时,动作隐蔽、迅疾,注意保持身体平衡。

㉝ 力士献礼:右脚落地于左脚后半步,左技手翻掌平托,肘夹腰肋;右掌下滑至右腰间。

要领:右脚落地后,沉腰坐胯,重心微沉,为下一攻招蓄势。

㉞ 铁锤入石:左翻掌作金钩手,挥向右,拉于左;右脚踏上一步,右手拧拳出击。

要领:踏地有声,为右冲拳助势助力。

㉟ 虎爪开胸:双手化为虎爪,当胸揪抓;同时,双脚滑步向后带动双爪斜下里撕开。

㊱ 金刚撞碑：滑步向前半步，双掌微收后，发力往前一撞。

要领：此招与"虎爪开胸"为连环招，动作要一气呵成。

㊲ 十字分手：右脚后退半步，与左脚平行，成正面马步，双手作十字手，向两边分开。

㊳ 顺藤摸瓜：右侧转90°，右弓步，双手亮掌变爪，顺时针挥划圆弧形，作抓扣状，拉近身前。

要领：臂挥圆弧，可以以力卸力，减轻自身受击力度，又增加抓扣成功率。此招亦可用来防御对方的器械进攻。

㊴ 和尚撞钟：上身重心稍稍后移，随即往前一送，推掌撞击。

要领：撞击要有颤劲。

㊵ 乌龙摆尾：左转身180°，双手逆时针挥划圆弧形抓扣，左肩低倾，右腿飞踹。

㊶ 锦上添花：右脚收回落于前，左金钩手顺时针经右肩头前而下，臂横于腹前；重心前移，右手成拳扣击。

要领：右挥拳时，由左腰侧起，拳面叩击对方额鼻处时，有上身前倾之动能助力。

㊷ 画地为牢：右脚后退一步，右手曲肘回收，拳化技手，逆时针挥划一圆弧形，收于右腿外侧。

要领：此为防守之招，手挥圆弧形，弧顶护住额鼻，弧底护住裆部；掌缘架隔对方时，以圆弧形卸力。

㊸ 面壁思过：左脚后退一步，左技手圆弧形环护；正面马步，两臂自然下垂。

要领同上。

㊹ 拖牛过溪：右脚向右迈出一大步，双手顺时针挥划，拉住对方上肢或器械一拖，重心右移，作右仆步。

㊺ 牵牛斩角：起身，变左仆步，双手逆时针挥划，左手竖掌架开对方进攻，右掌向左劈斩。

要领：劈斩时，腕部突拐，力带颤劲。

㊻弥勒献土（右）：起身收脚，双膝微屈，右脚尖着地，两掌跟相抵，以左脚前掌为轴，右转身90°，右脚踏出，作弓步，右掌卷压，左掌上翻，两掌心朝前，向前一突即收。

要领：扭身时要有爆发力，翻掌时，右小臂及腕掌须用出甩劲；同时，双肘夹紧于肋下，门户封闭。

㊼弥勒献土（左）：以同样的步法、身法转体180°，左弓步完成推击回收的动作。

㊽夜读兵书：右转体90°，双手自然下垂；双技手向内交叉挥划圆弧形展开，掌心照两肩。

要领：马步低重心，双肘夹肋，气沉丹田，纳气蓄势。

㊾双龙夺珠：双手转腕，各成一枝香手势，右脚在前，滑步而上，双手食指戳向对方双目。

要领：戳到位时，不管得逞与否，即刻收势回招。

㊿上山砍柴（右）：右脚后退一步，左手虎爪当胸揪抓，右掌缘斜切。

㈠上山砍柴（左）：左脚后退一步，右手化为虎爪揪抓，左掌缘斜切。

要领：此两招，虎抓对方前胸，掌切腰肋。

㈡武松打虎（左）：左侧转45°，成左弓步，重心移至左脚，左手作金钩手，由右肩前往左一拉；同时，右手拧拳击向对方小腹处。

要领：转体45°时，肩腰扭动，右拧拳出击时，右肩微微下压，增强冲击力。

㈢右锤破瓜：右拳提起，过左肩前，往前中线位迎头扣刮。

要领：拳作锤，自上往下扣击，由肘臂带出甩劲。

㈣偷天换日：右手挥臂顺势而下，经右腿侧后，往上挥出圆弧形拳化金钩手，至左肩头往右一拉；同时，右脚斜后撤半步，转体90°。

要领：此时，身体向右45°。

㈤武松打虎（右）：右弓步，左手拧拳出击。

(56) 左锤破瓜：动作及要领同(53)招，只左右手交换。

(57) 鹰爪手（左侧面）：轻轻跃起，空中转身90°，左脚先落地，右脚在前，重心落于左脚，沉臀下蹲，双手作鹰爪经胸前交叉后展开，上身左倾，目视右上方的鹰爪。

要领：右鹰爪可用来应付对方右手持械或右手在前握械的攻击；在架隔对方器械时，不可硬对硬接招，应以卸力让对方的器械顺右腕臂外侧滑下，亦可贴身而上，以爪抓扣对方持械之手。

(58) 鹰爪手（右侧面）：同上式，只左右方位相反。

(59) 收叶斩枝（左）：左鹰爪手化为抹墙掌，自右腰前逆时针打一圆弧形，至左肩外时，转腕作拳，拳心向上，收于腰间；同时，右脚迈前一步，身体左侧转，右爪化拳，向左拦腰劈去。

要领：肩腰带劲，转动时助力抹墙掌和拦腰锤。

(60) 收叶斩枝（右）：右脚后退一步，右手抹墙掌抓扣，收至右腰间，左掌拦腰而劈。

要领同上一招。

(61) 钟鼓齐鸣：左扭腰，转肩，正面向前，双拳齐出。

要领：因有拧腰转肩动作助力，故左右拳有先后之分。

(62) 开门见山：拳化为掌，双手扩展，平肩后下垂；同时，右脚前进半步，站成马步，曲肘护肋。

(63) 举香拜佛：双手作一枝香手式，两大拇指弹击前胸后，向前缓缓推出；同时，重心微微下沉。

要领：此举练以气催力之功，弹击时深吸一口气，随着一枝香手前推，缓缓将气呼出。

(64) 和尚念经：双手化掌，掌心朝内，从腹下至胸前十字交叉后，向两边分开；同时，左脚后撤半步。

要领：十字手至胸前时，左脚后撤，为下一招发力蓄势。

(65) 推山掌：滑步向前，双掌心外转，向前推击。

要领：滑步时，身体重心稍沉即起，推掌时先松骤紧，发出的不只臂膀之力，且爆发性强。

(66) 落身插骨：同③招。

收势：与起势同。

3. 金刚锏

金刚锏是短兵器，除贴身紧靠、扬长避短的招式外，也有短械长击的舒展。松紧结合，短击紧打中夹有行云流水般的舒畅。现代人生活节奏快，工作紧张，精神压抑，倘能静一静心，练一练功，活动肢体，促进气血流通，对健康养生极有帮助。

套路招式：

起势：倒握双锏，虎口靠锏股处，锏杆（或叫“锏身”）隐于臂内侧，立正，目视前方。

① 将军把门：回手锏，即用大拇指和食指翻压，转为正手握锏，锏身交叉于胸前。

② 霸王开弓：右脚跨前一大步，成弓步；同时，左锏平握，锏柄在左腰侧，右手拉前横锏。

③ 转锏花：转动右腕，锏尖打出交连环，即锏尖走出横“8”字的图形。

④ 鸣锣开道（左）：双锏左上右下，同时向左横扫。

⑤ 鸣锣开道（右）：左脚上前一步，作左弓步，双锏右上左下，同时向右横扫。

⑥ 壮士举鼎：右脚上前一步，作右弓步，双手举锏上挑，锏尖朝后，平举于头顶。

⑦ 泰山压顶：右垫步而上，左脚跟上，双锏兜头打下。

⑧ 推波助浪：再右垫步而上，左脚跟进，双锏柄收至腰侧时，锏尖平行刺前。

⑨ 飞轮锏：右脚跺地，左手高举，锏尖指天，右锏平举于头顶；左脚为轴，左转身180°，右脚落地后为轴，继续转身180°。

⑩ 金鸡独立：右锏身平行于头顶向后挥划一圆弧形，锏尖朝前时，扭身90°，转腕将锏尖朝向身后，护住左肋下；右脚收起，脚尖朝下，脚心近左膝，单脚立定，脸部右侧转，面朝前方。

⑪ 猛虎下山：右脚落前一步，右锏向右脚外甩击，左锏随之劈下，与之平行。

⑫ 青龙入水：右脚踏前半步，重心前移，上身前倾，双锏斜下里突刺。

⑬ 下十字锏：左脚向右前方踏上一步，身体右转45°，下蹲，双锏交叉下压。

⑭ 猴子望月（右）：双锏平行举起，锏尖向左，横于面门前，仰头向上。

⑮ 猴子望月（左）：右脚向左前方踏上一步，身体右转90°，换转双锏方向，锏尖向右，仰头举锏，动作类似上招。

⑯ 云手：重心上提，右转身45°，右脚后退一步，正面朝前；掌心相对，双锏平行，在身前挥划横"8"字图形，伴有转腕，以使双锏能护于身前；同时，左脚后退一步，右脚再后退一步，在此过程中，锏尖向左时，左脚在前；锏尖向右时，右脚在前。

⑰ 和尚撞钟（左侧）：右脚前掌为轴，左脚逆时针迈向左后侧，脚尖着地，身体左转90°，重心落于右脚；左锏平腰，锏柄向左后侧撞去；右锏竖起，与左锏成直角。

⑱ 周仓举烛（左侧）：左锏尖上挑，握成竖锏，与右锏并举。

⑲ 鞭打龙王（左侧）：右脚跨出一步，作右弓步，右手抡起锏往下劈打。

⑳ 和尚撞钟（右侧）：动作似第17招，左右方位相反。

㉑ 周仓举烛（右侧）：动作似第18招，左右方位相反。

㉒ 鞭打龙王（右侧）：动作似第19招，左右方位相反。

㉓ 双龙吐水：左脚收回，转身90°，下蹲；双柄收回至丹田两侧，锏

尖外开，于突然立起之际，向斜上方刺去。

㉔ 打草惊蛇（右）：双锏尖垂下，自左足外向右扫过，同时，先右后左，两脚向右纵跳半步。

㉕ 蟒蛇缠腰（右）：右脚踏出半步，面向右前方作弓步，右锏平举，向右拦腰缠击，收锏柄于右腰侧。

㉖ 仙人指路（右）：左锏平举，往前刺去。

㉗ 抽丝剥茧（右）：挥右锏向左锏上方甩打，左锏抽回。

㉘ 打草惊蛇（左）：动作同第24式，左右方位相反。

㉙ 蟒蛇缠腰（左）：动作同第25式，左右方位相反。

㉚ 仙人指路（左）：动作同第26式，左右方位相反。

㉛ 抽丝剥茧（左）：动作同第27式，左右方位相反。

㉜ 换手锏：微转身肩，面向前方；锏尖向下后翻180°，双手倒向握锏，锏柄在前，锏身紧贴小臂。

㉝ 瞒天过海（左）：右脚踏前半步，单膝下跪，左膝盖着地；右锏身护臂肘，横于胸前，架隔而起；左锏柄往前撞击。

㉞ 瞒天过海（右）：起身，右脚退后一步，重心下沉，右膝盖着地，单膝下跪，左锏身护臂肘，横于胸前，往上架隔；右锏柄往前撞击。

㉟ 两虎夺食：起身，右脚跨前一步，双锏柄夹于肋下；垫步向前，双锏柄同时撞出。

㊱ 回手锏：锏身于小臂内侧翻转180°，锏尖朝前。

㊲ 退避三舍：右脚后退一步，作下十字锏，锏尖上挑，在两侧打出斜面圆形；左脚后退一步，再作下十字锏，由两侧打出斜面圆形，右脚再后退一步，平举双锏于两肩上方。

㊳ 饿虎扑食：右脚跨前一步，上身前倾下压，双锏齐齐扑打而下。

㊴ 卸驴推磨（右）：锏尖上挑，曲肘90°；左脚前半掌为轴，右脚向右后侧跨出，转体90°，竖双锏横推。

㊵ 顺水推舟：右脚垫前半步，左脚跟进，依旧双锏竖握，往前一推。

㊶ 抱柱踢瓜：屈肘90°，转身左弓步，右起腿上踢。

㊷ 金锄掘地：右脚落地，抡起双锏扑打；同时，上身前俯，使锏打至近地面处。

㊸ 金针探穴（右）：左脚跨前一步，左弓步，左锏竖起，右锏前刺。

㊹ 夜叉巡海（右）：双锏向右横扫，再回扫向左，沿地面打出一扇面。

㊺ 金叉撩天（右）：挺身直起，双锏交叉举起。

㊻ 斩旗夺帅（右）：金叉双锏往上一托，再往两边分开，右脚踏前半步，双锏斜下里夹击。

㊼ 翻天覆地：右腕微转，掌心朝上握锏，左锏搭于右小臂近臂弯处，双锏平行，锏尖朝身右外；左脚为轴，转身180°，右脚落地，双锏杆逆时针翻拨。

㊽ 金针探穴（左）：右脚尖往左脚掌边一点，再向右前方迈出一步，作右弓步，右锏竖起，左锏前刺。

㊾ 夜叉巡海（左）：动作同第44式，左右方位相反。

㊿ 金叉撩天（左）：动作同第45式，左右方位相反。

(51) 斩旗夺帅（左）：动作同第46式，左右方位相反。

(52) 下山砍竹：左脚掌为轴，转身90°，右脚落于前，成右弓步，挥起双锏俯身夹击对方膝下。

(53) 苏秦负剑：右脚后撤一步，重心下沉，作仆步；右锏绕过头顶，斜架于后颈背；左锏自右腰后斜上举，贴于后背，两锏杆平行。

(54) 飞剑屠龙：右脚跨前一步，作右弓步，右锏自背后抽出，斜劈而下。

(55) 举箸遮目：左脚后退半步，重心后移，两锏杆交贴，高举过头，往上顶起。

(56) 重锤击鼓：转腕，两锏杆分开，锏尖朝后；滑步向前，双锏兜头砸下。

收势：换手锏，倒握双锏；右脚收回，与左脚并拢，立定；两锏柄当胸一磕，双手自然下垂。

4.传承谱系

代别	姓名	出生年月	传承方式	学艺时间
第一代	僧和林	不详	不详	不详
第二代	杨少奇	1880—1942年	师承	不详
第三代	兰钊	1898—1992年	师承	不详
第四代	洪光荣	1952年1月	师承	1966年
	陈玉樵	1952年9月	师承	1978年
第五代	吴鹤	1982年11月	师承	1989年
	陈绍俊	1976年4月	师承	1995年
	唐家辉	1996年12月	师承	2011年

陈玉樵在演练
"南少林双锏"

陈玉樵在演练"韦驮拳"
（此招为鹰爪手）

陈玉樵在演练"韦驮拳"（此招为牵牛斩角）

林敏东演练韦驮扁担

第十九节

姚玉棋习传拳术

姚玉棋，男，1951年9月10日出生，中共党员。原籍：莆田市涵江区国欢镇后洋村。原莆田市少体校武术散打教练，中级职称，2011年10月退休，曾培养出福建省第十三届、十四届运动会武术散打运动员多名冠军。

姚玉棋于1978年拜洪光荣为师，学练武术套路、散打、气功，学练成南少林套路：三战，三十六宝，五雷拳，棍术，双铁尺，双锏。1984年代表三明市武术队参加福建省武术观摩比赛，获得优秀奖，2010年代表莆田南少林武术协会参加第四届南少林武术大赛，获得"五雷拳"金奖，南拳对练金奖，双铁尺进棍对练金奖。2013年代表莆田南少林武术协会参加厦门翔安武术精英电视赛获得棍术金奖。1988年代表福建省武术团出访菲律宾，1991年代表福建南少林武功团出访新加坡，2002年代表莆田南少林武术馆出访马来西亚。参加中国（莆田）南少林武术文化节第三届、第四届、第五届的武术气功表演，他表演的武术气功《蹈刀提水破砖》节目于1993年5月份在中央电视台一套节目播放。

附录

一、莆田籍武术运动员成绩斐然（福建省武术运动管理中心文）

莆田籍男女武术运动员在国家级和世界级的各类比赛中成绩斐然，他们在多种项目的比赛中折桂夺冠，在南拳、南刀、南棍以及太极拳、剑上表现尤为突出。

1. 陈帅

中华人民共和国第九届全运会男子南拳全能亚军

第五届亚洲武术锦标赛男子南棍冠军

第三届东亚运动会武术比赛男子南棍冠军

2000年"华兴杯"全国武术套路冠军赛男子南拳冠军

2. 黄丽芳（参加全国锦标赛成绩）

1995年10月在浙江宁波举行的全国锦标赛太极拳、剑（推手）赛、女子杨式太极拳第一名。同年被授予"武英级运动员"

1996年9月在北京举行的全国武术锦标赛（套路个人赛）女子太极拳第四名

1996年11月在江西吉安举行的全国武术锦标赛太极拳、剑（推手）赛女子太极全能第一名；女子42式太极拳第二名；女子42式太极剑第二名；女子扬式太极拳第二名

1998年10月在哈尔滨举行的全国武术锦标赛太极拳剑、（推手）赛女子扬式太极拳第一名；女子42式太极拳第一名；女子太极剑第二名

1998年06月在北京举行的全国武术锦标赛女子套路团体赛集体拳第一名

2002年05月在山东省淄博市举行的全国武术锦标赛太极拳、剑（推手）赛集体太极拳第一名；女子杨式太极第一名

3. 陈洲理

2012年第八届亚洲武术锦标赛获男子太极剑冠军

2013年第十二届全运会获武术套路男子太极拳、太极剑全能季军

2014年第十七届亚运会武术套路项目获男子太极拳、太极剑全能冠军

2015年第十三届世界武术锦标赛获男子太极拳冠军

2016年第二届世界太极拳锦标赛获男子太极拳冠军

2016年第一届武术套路世界杯获男子太极拳冠军

2017年第十三届全运会获武术套路男子太极拳、太极剑全能季军，先后共获全国大小赛事44块金牌

4. 彭荔丽

彭荔丽1979年出生，女，大学本科，福建省体工队武术队运动员，高级教练员。现任福建省少体校武术教练

1991年获福建省少年武术比赛剑术第一名

1992年参加全国武术少年比赛获剑术第一名、枪术四名

1994年获福建省第十届运动会武术套路比赛拳术第一名、剑术第二名、全能第一名；1995年获第二届全国武术之乡比赛剑术第二名、对练第一名

1996年南昌市第十届运动会获双剑术第一名

1995年获全国武术太极拳、剑锦标赛杨式五名

1996年获全国武术太极拳、剑锦标赛杨式第三名

1998年获全国武术太极拳、剑、锦标赛孙式第二名、四十二式第四名、集体太极拳冠军

1999年获全国武术太极拳、剑、锦标赛孙式第一名、四十二式第二名、太极剑第二名、集体太极拳第二名

1999年获全国武术个人锦标赛女子太极拳第五名、集体拳冠军

2000年获全国武术太极拳、剑推手锦标赛孙式第二名、四十二式第五名、集体太极拳第一名

2002年获全国武术太极拳、剑、推手锦标赛四十二式第一名、孙式第一名、太极剑第二名、集体太极拳第一名

2002年获全国武术女子套路锦标赛太极拳第二名

2002年获全国武术套路冠军赛女子太极拳第一名

2003年获全国武术套路冠军赛女子团体第三

2003年获全国武术套路冠军赛集体刀第三名

2004年获全国武术太极拳锦标赛团体第一名

2004年获全国武术太极拳锦标赛集体第一名

2004年获全国武术太极拳锦标赛集体四十二式第一名

2004年获全国武术太极拳锦标赛孙式第一名

2004年获第六届亚洲武术锦标赛太极全能冠军

2005年获全国武术太极拳锦标赛四十二式剑第一名

2005年获全国武术太极拳锦标赛四十二式拳第二名

2005年获全国武术太极拳锦标赛孙式第一名；彭荔丽被国家体育总局授予国家武英级运动员（运动健将）、还获得福建省优秀运动员金牌突击手称号

5. 林凡

2010年第十六届广州亚运会武术比赛女子南拳南刀全能冠军（广州）

2008年第七届亚洲武术锦标赛女子南刀冠军（澳门）

2011年第十一届世界武术锦标赛女子南拳冠军（土耳其）

2008年北京武术比赛女子南拳南刀全能冠军（北京）
2013年第十二届全国运动会武术比赛女子南拳全能冠军（辽宁沈阳）
2007年第九届世界武术锦标赛女子南拳冠军（北京）
6. 林莺
2002年全国武术套路冠军赛女子长拳冠军
7. 郑丽娥
2015年全国武术套路锦标赛（太极拳赛区）女子孙式太极拳第一名
8. 庄莹莹
2013年第十二届世界武术锦标赛太极拳冠军
获得国际、全国大小赛事共49枚金牌
9. 武振波
2014年全国青少年武术套路锦标赛男子B组，南拳第一，南刀第一
2015年第一届全国青年运动会，男子，南拳、南棍全能第一
2015年第六届中俄运动会，男子，南拳第一，南棍第一
10. 武微
2016年全国青少年武术套路锦标赛，女子C组长拳第一，刀术第一
2016年第六届世界青少年武术锦标赛，女子C组刀术第一
11. 张黎
2014年全国青少年武术套路锦标赛女子B组42式太极拳第一

二、莆田南少林武术协会参加各级别赛事成绩统计表

序号	赛事名称	举办单位	参赛人姓名	性别	获得成绩	比赛时间	比赛地点
一	"春生堂"杯第三届南少林华夏武术大赛	福建省武术院	蔡永希	男	1. 南拳对练金奖 2. 桂麟拳金奖 3. 硬气功银奖 4. 棍术铜奖	2009.10.17	厦门
			朱圣熙	男	1. 南鹰拳铜奖 2. 八卦扁担法铜奖		
			陈志荣	男	1. 南拳对练金奖 2. 四门拳银奖 3. 四门棍银奖		
			王清渊	男	1. 硬气功表演金奖 2. 三十六宝拳银奖 3. 棍术银奖		
			杨镇志	男	1. 三十六宝拳金奖 2. 棍术银奖		

续表

序号	赛事名称	举办单位	参赛人姓名	性别	获得成绩	比赛时间	比赛地点
二	第二届海峡论坛海峡两岸体育交流大赛-"飙山狼"杯传统武术交流大赛	中国武术协会福建省体育局泉州市人民政府	蔡永希	男	1.南棍金奖 2.桂麟拳银奖 3.徒手对练银奖 4.徒手对练铜奖	2010.06.18	泉州
			朱圣熙	男	1.扁担法银奖 2.徒手对练银 3.三十六宝拳铜奖		
			陈玉樵	男	1.韦陀拳金奖 2.双铜银奖 3.徒手对练银奖		
			陈志荣	男	1.犀牛拳银奖 2.徒手对练铜奖 3.四门棍优秀奖		
			郭爱民	男	食鹤拳优秀奖		
三	2010年"法影"杯第四届南少林华夏武术大赛	福建省武术院	蔡永希	男	1.南拳对练金奖 2.个人全能第一名 3.扁担法银奖 4.桂麟拳银奖 5.器械对练银奖 6.金虎掌铜奖	2010.11.12	泉州
			姚玉棋	男	1.南拳对练金奖 2.扁担法金奖 3.三十六宝拳金奖 4.器械对练银奖 5.五雷拳铜奖		
			朱圣熙	男	1.南拳对练金奖 2.扁担法金奖 3.三十六宝拳铜奖 4.猴拳优秀奖		
			郑瑞凿	男	1.南拳对练金奖 2.四门棍金奖 3.个人全能第三名 4.犀牛拳银奖 5.四门拳银奖		

续表

序号	赛事名称	举办单位	参赛人姓名	性别	获得成绩	比赛时间	比赛地点
三	2010年"法影"杯第四届南少林华夏武术大赛	福建省武术院	陈志荣	男	1. 陈式56式太极拳竞赛套路金奖 2. 42式太极拳竞赛套路铜奖 3. 32式太极剑竞赛套路铜奖 4. 36式太极刀竞赛套路优秀奖	2010.11.12	泉州
			张元树	男	1. 韦陀拳银奖 2. 韦陀扁担法银奖		
			林敏东	男	1. 韦陀扁担法铜奖 2. 韦陀拳优秀奖		
			杨金龙	男	1. 撩手拳银奖 2. 个人全能第三名 3. 三十六宝拳铜奖 4. 单刀铜奖 5. 飞鹤拳优秀奖		
			陈光合	男	1. 达摩杖银奖 2. 五枝拳铜奖 3. 扁担法优秀奖		
			王清渊	男	1. 三十六宝拳金奖 2. 器械对练银奖 3. 大刀银奖 4. 南棍铜奖		
四	【体彩杯】2013首届福建省传统武术争霸赛	福建省武术协会	林敏东	男	1. 南刀金奖 2. 韦陀拳金奖 3. 韦陀扁担铜奖 4. 南棍铜奖	2013.10	福州
			郑瑞凿	男	1. 老鹰披翅拳金奖 2. 太极拳铜奖 3. 南棍铜奖		
			朱圣熙	男	1. 猴拳金奖 2. 板凳法金奖 3. 南棍铜奖 4. 鹤拳铜奖		

续表

序号	赛事名称	举办单位	参赛人姓名	性别	获得成绩	比赛时间	比赛地点
四	【体彩杯】2013首届福建省传统武术争霸赛	福建省武术协会	蔡永希	男	1.金虎掌金奖 2.双铁尺金奖 3.扁担法金奖 4.棍对练银奖 5.桂麟拳铜奖	2013.10	福州
			陈志荣	男	1.南棍金奖 2.犀牛拳银奖 3.太极刀铜奖		
			陈志煌	男	1.棍对练银奖 2.金虎掌铜奖		
			唐家辉	男	1.五雷拳铜奖 2.佛祖棍法金奖 3.南刀铜奖		
			黄秉义	男	1.太极拳铜奖 2.太极剑铜奖		
			黄润国	男	1.太极拳金奖 2.太极剑金奖		
			翁立雄	男	1.金虎掌银奖 2.南拳对练银奖 3.扁担法银奖		
			翁艳青	女	1.金虎掌金奖 2.南拳对练银奖 3.扁担法银奖		
			翁立雄	男	1.南拳对练银奖 2.南拳银奖 3.南派长器械银奖		
			翁艳青	女	1.南拳对练银奖 2.南拳铜奖 3.南派长器械铜奖		
			刘承杭	男	1.南拳铜奖 2.南派长器械对练金奖 3.南棍铜奖		
			陈凯	男	1.南派器械对练金奖 2.南刀金奖		
			唐家辉	男	1.南棍铜牌 2.南拳银奖		

续表

序号	赛事名称	举办单位	参赛人姓名	性别	获得成绩	比赛时间	比赛地点
五	【智达天雅】杯第六届海峡论坛海峡两岸传统武术大赛	中国武术协会	张达楠	男	1.南棍铜奖 2.南拳铜奖	2014.6.16	莆田
			郑彩群	女	南棍银奖		
			陈志煌	男	1.南派长器械银奖 2.南拳银奖		
			郭爱民	男	1.南拳金奖 2.南棍金奖		
			陈志荣	男	1.南拳银奖 2.南棍银奖		
			李良彪	男	1.南拳银奖 2.南棍铜奖		
			朱圣熙	男	1.南拳金奖 2.南派长器械金奖		
			蔡永希	男	南拳银奖		
六	第五届中国（莆田）南少林武术文化节	第五届中国（莆田）南少林武术文化节组委会	蔡永希	男	1.金虎掌金奖 2.双铁尺金奖 3.扁担法金奖 4.个人全能第一名	2015.11	莆田
			吴炳回	男	1.犀牛拳铜奖 2.夜行刀银奖 3.扁担法银奖		
			林国森	男	1.五雷拳金奖 2.护院单刀法金奖 3.春秋大刀金奖		
			武军	男	南派狮拳金奖		
			翁立雄	男	1.金虎掌金奖 2.扁担法银奖		
			翁艳青	女	1.金虎掌金奖 2.扁担法银奖		
			陈志煌	男	1.金虎掌银奖 2.扁担法银奖		
			陈志超	男	1.金虎掌银奖 2.扁担法银奖		

续表

序号	赛事名称	举办单位	参赛人姓名	性别	获得成绩	比赛时间	比赛地点
六	第五届中国（莆田）南少林武术文化节	第五届中国（莆田）南少林武术文化节组委会	陈志荣	男	1.犀牛拳金奖 2.南刀金奖 3.扁担法金奖 4.个人全能第一名	2015.11	莆田
			李良彪	男	1.三战拳银奖 2.少林棍银奖 3.南刀银奖		
			朱圣熙	男	1.桂麟拳银奖 2.南刀银奖 3.扁担法银奖 4.个人全能第二名		
			唐家辉	男	1.五雷拳金奖 2.护院单刀金奖 3.佛祖棍法金奖		
七	厦门翔安武术精英电视赛	厦门翔安电视精英赛组委会	姚玉棋	男	1.四门棍金奖 2.双锏铜奖 3.南拳三十六宝铜奖 4.南拳搏击演练铜奖	2013.12	厦门翔安体育馆
			陈志荣	男	1.犀牛拳金奖 2.36式太极刀金奖 3.四门棍银奖 4.南拳搏击演练铜奖 5.个人全能第五名		
			黄秉毅	男	1.陈式太极拳金奖 2.陈式太极剑金奖 3.陈式太极刀银奖	2015.11	
			江美盛	女	1.陈式太极拳铜奖 2.36式太极刀铜奖 3.陈式太极剑铜奖 4.个人全能第三名		
			黄秉毅	男	1.陈式太极拳银奖 2.陈式太极剑铜奖 3.太极对练进步奖	2016.10	
			江美盛	女	1.陈式太极拳铜奖 2.陈式太极剑铜奖 3.太极对练进步奖		

续表

序号	赛事名称	举办单位	参赛人姓名	性别	获得成绩	比赛时间	比赛地点
八	2014年莆田市传统武术精英赛	莆田市体育局莆田南少林武术协会	张达楠	男	1.护院单刀银奖 2.五雷拳金奖 3.佛祖棍法金奖 4.B组全能第一名	2014.8	莆田
			唐家辉	男	1.护院单刀金奖 2.佛祖棍法金奖 3.五雷拳银奖		
			蔡永希	男	1.金虎拳金奖 2.双铁尺金奖 3.扁担法金奖 4.E组全能第一名		
			陈志荣	男	1.犀牛拳金奖 2.扁担法金奖 3.单刀金奖 4.D组全能第一名		
			朱圣熙	男	1.三十六宝拳银奖 2.南刀银奖 3.扁担法银奖		
			翁立雄	男	1.金虎掌金奖 2.扁担法银奖		
			翁艳青	女	1.金虎掌金奖 2.扁担法银奖		
			陈志超	男	1.十八罗汉拳铜奖 2.扁担法银奖		
			陈志煌	男	1.金虎掌银奖 2.扁担法铜奖		
九	2016年福建省全民健身运动会传统武术项目比赛	福建省体育局	武军	男	传统南拳金奖	2016.12.26	福州
			黄秉义	男	1.陈式56式太极拳铜奖 2.太极对练铜奖		
			江美盛	女	1.陈式56式太极拳银奖 2.太极拳对练铜奖		
			曾享胜	男	1.24式太极拳铜奖 2.32式太极剑铜奖		

后记

兴化大地历来文气旺武风盛,出过文武状元、进士共数以千计。作为福建四大平原之一,莆田东临浩海,怀拥湄洲、平海两大港湾,西接戴云山脉,背倚群山绿涛,南北扼福泉漳厦要道中部,辖内道衢四通,内河丰达。得天独厚的地理条件和人文环境,孕育了博大精深的南少林禅武文化,虽历经沧桑,但终能薪火相传,后继于今。

随着新科技的不断面世和生活节奏的加快,不少传统文化遭受到前所未有的冲击,甚至面临后继乏人的尴尬。南少林武术文化虽然灿烂,但不再如以往那么夺目。为此,莆田南少林武术协会创立伊始,即以传承、宣传南少林武术文化为要责,各位同仁除努力提高自身武术修养及演练水平外,还广泛收集、深入探索,挖掘整理出散传于街巷坊间的南少林拳械套路几十种,并酝酿结集成书,以传后世。

自2016年初始,会长洪光荣先生为此事四处奔波,召集有关人员讨论,主持组稿会,筹划出书事宜。在充分研讨论证的基础上,根据莆田地方武术的形成发展及风格特征,确定了主题方向,决定编写出版《莆田南少林武术》,以传扬莆田南少林武术文化。此决定一出,各位同仁积极响应,踊跃提供相关资料,为本书编写奠定了基础。

浩瀚的文化用有限的篇幅来表达,其难度不言而喻,为保证资料的可靠性、数据的准确性,笔者不厌其烦,反复推敲,认真考证;而为保证材料的真实性,本书所选取的图片未经任何加工和修饰。

文化的传承是严肃的,对本书的编写,大家不敢掉以轻心。但是,师父因材施教,不同的徒弟从相同的师父身上也可能学到不同的功夫,同样名称的招式,在不同的拳手身上可能表现出不尽相同的动作,这是发展中的辩证,不是变异,更不是背叛,唯有承认这一点,南少林武术文化才能得以推广,从而进一步传承发展;也正是这一发展特点,给本书的编撰增加了些许难度，在搜集相关材料、编写各拳种套路特征的过程中，有时会出现不同拳师对相同拳种的介绍不完全一致的情况，而拳械套路中难以规范的表述及各流派间关系之复杂，这些都要求编者在选取材料时必须反复甄别，左右权衡，甚至去伪存真。所幸莆田南少林武术协会的各位同仁胸怀豁达，目标一致；大家群策群力，求大同存小异，在多年收集挖掘的基础上，精心整理、严格求证，将众多纷繁芜杂的材料统一于特定的框架中。莆田南少林武术文化源远流长，风格鲜明，如何在编纂这些材料时体现其"同门别传，源出一辙"的特征，成为了一道难题。在参考同类的武术著作后，几经斟酌，最终决定采取"类列传体"的形式来编写书稿，即以武术人士为纲，分别介绍各拳种、器械的历史渊源、传承脉络、义理内容、形式风格以及文化内涵等等。经一年多的努力，初稿终于在2017年秋季完成。只是在收集相关材料编写书稿的过程中，因为笔者时间有限，信息不足，或导致采访不够深入；也由于某些个人原因，个别拳师未接受拜访，这便给笔者留下了一些遗憾。特别是已列为市级非物质文化遗产名目的拳械项目，传承谱系比较完整，而其他项目则无法同样罗列传承谱系，特作说明。

中华武术历来强调"强中自有强中手"，莆田武术界也流传着"山高水更高"的俗谚。师父授艺之初，总要告诫徒弟必须戒骄。确实，武术文化包罗万象，武术功夫深不见底，要对此作完整系统的介绍和阐述，几乎就是一厢情愿的奢望；再者，南少林武术中拳种繁多，年代久远，因为历史的原因，还曾遭受过官府打压，缺乏完整的记录，甚至有所散失，所以在编写中难免挂一漏万；而习武者文化层次复杂，水平高低不一，受访者表达习惯与方式各有差异，又囿于编者水平有限，所以，整理出来的材料也不免会出现个别处不够精确的情况，尚望大家谅解，并敬请方家予以指正，在此表示感谢！

南少林禅武文化能丰富民众的精神生活，是珍贵的文化遗产，需要得到人们的保护。我们编写此书，也希望能借此抛砖引玉，期待各方共同努力，促进南少林文化的传承和发展。

编著者

致谢

在此向多年来对本协会工作大力支持人员,以及对本书的出版作出共同努力的个人和单位,致以衷心的感谢。

甘式光	林德荣	戴林彬	方金辉
蔡力松	林春杰	林学军	郭延安
郭爱民	徐先棋	许爱琼	林剑冰
欧碧仙	吴伟锋	马金焰	蔡　昊
林养东	马俊杰	陈盛钟	陈永忠
陈嘉荣	林永森	陈　艳	姚正清
郑香兰			

福建省武术协会
福建省武术运动管理中心
莆田南少林寺
莆田南少林研究会
莆田柏龄服饰有限公司
莆田市摄影家协会